探索成就师生的理想教育

一位特级教师
40 年教育之旅

薛森强 著

上海交通大学出版社
SHANGHAI JIAO TONG UNIVERSITY PRESS

内容提要

本书按"教育就是成就，成就学生，成就教师"的理念，从"学习成就师生的理论经验""探索成就学生的新途径""为教师成长搭建平台""建设成就师生的管理制度""点燃师生激情的火花""成就师生的教育实践"六个方面，记载了作者从教40年探索教育、实践教育，与师生互相成就、成长的历程。作为深圳市光明区理创实验学校的创校校长，薛森强用五年的时间打造出一所特色鲜明的九年一贯制学校，本书以翔实的第一手材料全面展示了这个过程。

本书适合中小学校长、教师，教育管理者，特别是从事学校发展研究的人员阅读。

图书在版编目（CIP）数据

探索成就师生的理想教育：一位特级教师 40 年教育
之旅/薛森强著. —上海：上海交通大学出版社，

2023.6

ISBN 978 - 7 - 313 - 28692 - 5

Ⅰ. ①探…　Ⅱ. ①薛…　Ⅲ. ①中小学教育—教育研究

Ⅳ. ①G630

中国国家版本馆 CIP 数据核字（2023）第 081971 号

探索成就师生的理想教育：一位特级教师 40 年教育之旅
TANSUO CHENGJIU SHISHENG DE LIXIANG JIAOYU：YI WEI TEJI JIAOSHI 40
NIAN JIAOYU ZHI LÜ

著　　者：薛森强

出版发行：上海交通大学出版社　　　　　地　　址：上海市番禺路 951 号

邮政编码：200030　　　　　　　　　　电　　话：021 - 64071208

印　　制：上海新艺印刷有限公司　　　　经　　销：全国新华书店

开　　本：710mm×1000mm　1/16　　　印　　张：11.5

字　　数：168 千字

版　　次：2023 年 6 月第 1 版　　　　　印　　次：2023 年 6 月第 1 次印刷

书　　号：ISBN 978 - 7 - 313 - 28692 - 5

定　　价：68.00 元

序

薛森强1983年中师毕业，16岁走上讲坛，24岁被评为"广东省普教系统先进工作者"，坚守教育岗位至今已40年。他始终牢记"教书育人"这一教师天职，深入钻研教育教学规律，培养优秀人才。"夫仁者，已欲立而立人，已欲达而达人。"（《论语·雍也》）教育其实也是"立己达人"的事业，40年的教书生涯，让他逐渐形成了"教育就是成就，成就学生，成就教师"的教育理念。

1993年，他调入深圳市光明区（当时是"宝安区公明镇"），加入光明教育大家庭。30年来，他创造了光明区多个第一：光明区第一个特级教师，光明区第一个市级名师工作室主持人，光明区第一个教育系统"高层次人才（地方领军人才）"，光明区第一个正高级教师……

在三十载光明教育追梦生涯中，薛森强老师先后经历了"培养学生、培训教师、培育学校"三个阶段。

一、呕心沥血，创造业内领先的教学业绩

他在深圳光明教育的第一站是公明中学。他从普通教师、班主任做起，先后担任德育处主任、总务主任、教学处主任、办公室主任等中层领导职务。2003年1月，他参加宝安区首届中学副校长竞聘，9月被任命为公明中学副校长，分管学校教学、科研和教师培训等工作。

当时公明中学隶属老宝安区，离城区较远。而宝安区初中学校不仅数

量众多，教学水平也很高，竞争极为激烈，公明中学当时从 20 世纪 80 年代宝安区的"中考十连冠"掉下来，正处在"爬坡"阶段。薛老师的理念是"多培养一个孩子考上高中，就能多改变一个家庭的命运"，他在公明中学 16 年，承担的基本都是教学挑战性最大的初三年级课程，为了提升教学质量，还经常吃住在办公室，彻夜备课改作业。辛苦付出换来的是学生成绩的稳步提升，他培养的学生成为全市数学单科状元、北大学子；辅导的学生参加全国中学数学联赛，获一等奖、二等奖、三等奖共计数十人。此外，他还特别关注后进学生，曾在初三接手数学分数为个位数的多名学生，一年后帮他们将数学中考分数提高到 70 分以上，使他们成为成绩提高最快的典型。

作为分管副校长，他充分抓住 2003 年新课程改革的机遇，积极推动课改工作，提升学校教科研水平。他带头编写《学生成长手册》（此册被宝安区全区推广使用）和《教师专业发展手册》，鼓励师生教学相长，共同发展；采取"走出去，请进来"的方式，加大教师培训力度，改变教师陈旧的课堂教学观念；带头做教科研，开展"三自（自我图强、自主参与、自能发展）教育""班主任实施心理健康教育的实践研究""初中生物地理网络环境下的课堂教学实践研究"等国家级、省级课题研究。在他的带领下，公明中学教学质量快速提升，中考成绩位列宝安区前列，被评为"宝安区初中教学先进单位"，还被指定为"课改现场学校"，供全区学校参观学习。

2009 年 9 月，他调入光明中学任副校长，分管教学、科研及教师培训等工作。在任期间，他狠抓课堂教学质量，加大招生宣传，规范教学管理，使学校连续 4 年获得深圳市"高考先进单位"。同时，初中教学质量也稳步提升，缩短了与兄弟学校的差距。此外，他还特别注重教师的专业培训，积极开展校本培训工作，使光明中学被评为"广东省校本培训优秀示范校"。由于业绩突出，他于 2010 年被广东省人民政府授予"广东省中学特级教师"称号。

二、一马当先，打造全市知名的名师工作室

2011 年，薛森强被评为"深圳市首批名师工作室主持人"。从此，他

的职业生涯进入了第二个阶段：从前一阶段集中精力教学生，到开始研究如何辐射更多教师，通过推动教师们的职业发展来培养更多的优秀学生。

成立名师工作室以来，薛森强先后主持市级、省级教科研课题、教育部课题，带领团队深入探索教育教学规律。他主持的深圳市重点课题"提高中学数学课堂教学有效性的实践研究"获得深圳市第三届优秀教育成果奖一等奖，撰写的论文《实施"五学自助式"，有效提高教学质量》获得2019年广东省教育论文评比一等奖，还出版了专著《提高中学数学课堂教学有效性的实践研究》（华南理工大学出版社）。2015年，他在深圳市名师表彰会上做名师培训经验介绍，得到与会领导名师的充分肯定。此外，他还多次为高校师范生、中小学名师、普通教师举行专题讲座，就"初三数学复习技巧""如何命好一份数学试卷""浅谈课堂教学艺术""多元职能与教学""洋思教学模式与新课改""有效教学的实践与反思""有效教学管理""教师的专业发展""如何说课评课""浅谈新时期教师的素养"等重要教育教学问题展开探讨。

名师工作室成立以来，共开展了三批培训，每批20～40人不等，培训周期为三年。这些年来，培养出省骨干教师培养对象3人、市级名师3人、市中青年骨干教师3人、市高层次人才2人、区创新人才1人、区级名师9人，孵化出市、区名师工作室5个。特别是指导大学毕业不到三年的青年教师林艳获得全国优质课大赛一等奖，使她成为当届最年轻的获奖者。薛森强本人也获得了优秀指导教师奖。

三、筚路蓝缕，创办面向未来的理创实验学校

2017年7月，薛森强被任命为光明新区马山头学校筹备组组长，筹建一所54个教学班的公办九年一贯制学校。2018年他被任命为深圳市光明区马山头学校（简称"马山头学校"，2022年更名为"深圳市光明区理创实验学校"，简称"理创实验学校"）创校校长。

理创实验学校将办学理念定为"教育就是成就，成就学生，成就教师"，打造成就师生的教育，通过推动教师的职业发展和学生的学业发展实现学校的发展，形成师生命运共同体，提升领导班子的向心力和全体师

生的凝聚力。

作为校长，他将自己定位为一支火把，照亮学校前进的方向，点燃全体老师的奋斗激情，无论常规管理、师生互动还是教育教学，都率先垂范，努力冲在最前面。

在校门外守候学生入学，随后巡视所有班级的早读情况，是他每天早餐之前的必修课；傍晚放学后，召集热爱打球的同事、学生，一起切磋球技，不觉间成为学校的一道风景；主持的国家级、省市级课题开题结题活动，成为学校的科研盛会；平时给全校拔尖的学生上数学培优课，期末给学困生上数学复习课，成为学校招生的一张名片。2022届中考，他参与辅导的18位学生，数学A＋有10人，A＋率高达60%，大大超过深圳市的平均值（5%）。

理创实验学校坚持走数理文化特色教育，每年举办四季节日：春季数理文化节，夏季六一游园节，秋季体育节，冬季艺术节。学校创设了一流硬件，同时开设了48个社团，不断丰富学生校园生活，培养学生特长。对优质社团，学校重点打造，提供参赛机会，让他们到更高的平台去竞逐。学校全面推进教师的专业发展，加强校本培训，科研引领，结对子帮扶，支持和鼓励青年教师参加各级各类比赛，促进他们快速成长。

办学以来，师生特长得到充分发挥。截至2021年，学生参加各种区级以上比赛，获得国家级荣誉5项、省级荣誉30项、市级荣誉342项、区级荣誉253项。教师获得国家级荣誉3项、省级荣誉16项、市级荣誉37项、区级荣誉206项。

在成就师生的基础上，学校也实现了快速发展，先后获得"小平科技创新实验室示范学校""全国校园冰雪运动特色学校""全国学校心理危机干预能力建设示范校""全国家校共育创新实验校""广东省防震减灾科技教育示范校""广东省科技创新教育实验学校""深圳教育创新示范校""深圳市儿童友好实践基地""光明区初中教育教学工作优秀奖"等荣誉。

"金杯银杯，不如群众的口碑"。学校由刚开办时招不够，到现在年年爆满，录取积分每年都在提高。2021年秋招，学校被《南方日报》誉为光明区招生最火爆学校。2022年秋招，多所公办学校出现断档，理创实验学校小一、初一各招300人，最终报名678人和614人，报录比全区领先。

招生片区群众用最朴实有力的选择为学校的发展点赞。

2021年11月，深圳市人民政府教育督导室对学校进行了为期四天的办学水平督导评估，督导组专家对学校三年多的发展给了高度评价，具体如下：

（1）学校领导班子拼搏创新，领航发展，与光明教育同声共律；管理团队务实敬业，合作精进，与全校师生同生共长。

（2）办学理念以人为本，体系完备，与时代教育同频共振；学校管理有序规范，科学人文，与生命自觉同声共气。

（3）学校发展科研引领，亮点纷呈，与数理教育同彰共显；开放办学成绩斐然，态势良好，与社区发展同生共荣。

40年的教育生涯，30年的特区教育，5年多创校历程，不断激励着他创造一个又一个教育奇迹，续写一篇又一篇教育传奇。以下就以薛森强校长自叙《办学五年抒怀》收尾吧：

办学五年抒怀

衔命办学赴马田，

怀恩乐业已五年。

庠序内外人悦色，

桃李芬芳春满园。

晨钟沐雨喜迎候，

暮色燃灯勤钻研。

笃行致远不休辍，

成就师生慰心愿。

是为序。

张祥云

深圳大学教育学部学术委员会副主任、教授，

深圳市陶行知研究会副会长

2022年8月

自 序

西方有句谚语"永远古老，永远新颖"（ever ancient，ever new），我认为非常适合形容教师这个行业。

1983 年，我年满 16 周岁，中师毕业开始从教，迄今已 40 年。我在粤北山区工作 10 年，在深圳光明区工作 30 年；教过小学、中学，担任班主任工作 10 年，中层行政 10 年，副校长 15 年，校长 5 年。长期在一线从事教育教学工作，我对教育深有感触。

教育，首先是一个古老的行业，优秀的师德、渊博的学识和扎实的基本功，是几千年来不变的要求。但教育的内涵和形式却在不断变化，我刚从教时，上课靠一块黑板、一支粉笔、一本教材，之后增加了小黑板、幻灯片投影、多媒体平台，教育的辅助手段越来越多，到如今脱离教室的线上教学，线上线下混合教学开始成为现代教学的重要形式。教师个人的职业角色和职责随着时间的推移也在不断发展变化。我投身光明教育 30 年，亲身见证了光明区教育事业的蓬勃发展，自己也在不断适应新岗位、新形势和新要求。

作为义务教育阶段的教师，教完哥哥、姐姐，教弟弟、妹妹，然后教他们的孩子，是很普遍的现象，同一个环境待上很多年，完全没了新鲜感，长期教某个学科，特别是教材都不变的情况下，教师很容易产生倦怠，就像一个老司机，长年累月开着熟悉的道路。

古人讲"莫言生意尽，更引万年枝"。我应对职业倦怠的策略是不断寻找人生的"第二曲线",就是科研和写作。

我从事科研最初的目的是想办法解决实际工作中遇到的棘手问题。比如2001年新一轮基础教育课程改革实施以来,课堂教学中出现了许多无效教学行为,于是2006年我申报了探讨教学课堂有效性问题的市级课题,并于2014年将该课题顺利结题。针对后进生学习动机不足,我在专家的指导下,在班级管理中探索"三自教育",激发后进生的内驱力。

我虽然是一名数学教师,但一直热爱写作。童年时期写的作文,经常是班上或年级的范文。青年时期,出于对文学的热爱,自发参加安徽青年文学院刊授,也会主动给外面媒体投稿。从教以后,越来越感受到,写作不只是文学兴趣,更是思想的沉淀以及对教育、人生、社会的思考。在写作过程中,我对教育的想法可以深入展开,也可以清晰看到自己的局限和不足,从而进行反思,所以我一直坚持用文字记录自己的教育历程。尽管做行政领导以后事情繁忙,但我尽量自己写各种计划、总结、发言稿,自己撰写论文、课题开题结题报告,力争写出真情实感和新意。

此外,还有带领年轻教师成长的研究,我虽然在教育教学中积累了一些经验,但是跟别人交流的时候往往不能碰撞出火花,最后发现原因是自己对问题的表述不够严谨、科学。通过坚持做科研,和专家、同事、朋友、徒弟一起用科学的方法,系统总结教育教学经验和规律,深入学习理论知识,我发现自身专业素养提高了。如"名师工作室促进教师专业发展的实践研究"就是我主持的市级名师工作室两期六年一直在研究的课题,最终顺利通过了省级结题验收。

俗话说"敝帚自珍",这本书,是我从教以来,特别是创办理创实验学校以来的文章结集。谨以此梳理一下自我的教育之路,尤其是当中的心路历程,希望对今后的教育发展有所借鉴,并促使自我作出反思和提升。因水平有限,不足之处在所难免,希望得到各位同仁和读者的批评指正!

薛森强

2023年6月

目　录

第一章 学习成就师生的理论经验

从教 40 年来，我经历了中国教育的开门办学、教学改革、新课改、课程标准改革等波澜起伏、不断发展壮大的过程，回想起来，真的感慨万千！中华民族有五千多年的悠久历史，教育从孔夫子时代发展至今，出现了众多教育大家，也提出了许许多多宝贵的教育理论。近现代以来，我们学苏联、学西方，涌现了更多的教育思想和教育理论。反思这几十年来个人坎坎坷坷的教育实践，我对教育的理解与思考越来越深刻。

第一节　考察学习寻真谛

我们的教育应该走什么道路？我们的教学应该怎么进行？我们的学校应该如何办？……太多问题困扰着我。要解决这些困惑，最好的办法就是"走出去"：到先进的地区学习，到优秀的学校考察，寻找教育的真谛。

一、江苏省泰州市洋思中学考察体会

2001 年新一轮基础教育课程改革实施之后，全国上下掀起了一场轰轰烈烈的课堂教学改革热潮，也出现了以洋思中学、杜郎口中学等为代表的教育改革典型。2005 年，我带领公明中学行政人员到著名的江苏省泰州市

洋思中学考察学习，并写下了《学洋思铸品牌，炼技能提质量》的考察报告。

2005 年 5 月，当时我在深圳市光明中学任副校长，组织学校教学管理人员及教研组长等一行 8 人到江苏省泰兴市洋思中学考察学习，寻找提高课堂教学质量的"真经"。我们通过听课、听报告、参观校园等，对洋思中学的教学模式有了初步认识。洋思人经过 20 多年的探索，创造出中国教育的神话：三流的校舍、三流的师资、三流的学生，创造出一流的成绩——入学率、巩固率、合格率均为 100%，考上重点中学人数比例高达 80%，真正做到了"没有教不好的学生"。洋思中学成为当时中国的名校，吸引了一大批中外教育行家取经学习。最重要的是，它跟我所在的公明中学有着相似的办学基础。

第一，学制相同。洋思中学和公明中学一样，都是农村初级中学。

第二，生源相近。因没有择优条件，生源质量较差。公明中学所属街道尽管现在已全面开启城市化，但居民的素质、文明程度远没有达到城市化的要求。更重要的是学生的综合素质与城区学校还有较大差距。这一点和洋思中学的情况非常相近。

第三，师资相近。洋思中学以前的教师几乎都是别校转过来的所谓教学能力较差的教师，近几年也大量招收无任何教学经验的大学毕业生。公明中学和洋思中学一样，由于种种原因，学校师资力量中一半以上是新聘教师。

第四，初始情况基本一致，教法和管理模式相同。洋思中学在学校刚创办时，教师过于注重知识的传授，课堂上常出现"满堂灌"现象，学生被动接受，导致课堂教学效率不高，教学质量低。公明中学当时也存在这些现象，学生的主体作用发挥不出来。此外，洋思中学和公明中学一样较重视年级管理，年级部负责人称为"分校长"或"年级主任"，管理模式类似。

基于以上情况，我们认为洋思中学的确有很多值得我们借鉴学习的经验。

（一）我们应当如何学洋思中学

（1）认真分析研究公明中学具体情况，深度解剖洋思中学成功经验，实事求是地加以借鉴，制定出适合公明中学实际的管理机制。洋思中学有其成功的环境、条件和适宜的土壤，公明中学应结合本地实际，选择有效合适的管理模式加以实施。

（2）虚心学习他人成功的管理经验及教学模式，不可"朝三暮四"。既然我们认定要学习洋思中学的管理经验及教学模式，就必须真正务实地学习，学洋思不能凭感情、心血来潮，而必须实实在在地学，切忌"三分钟热情"。

（3）要不断完善学习方案和制度，使洋思经验在公明中学发扬光大。

（二）我们应该向洋思中学学什么

1. 学洋思的教学理念

洋思中学上至校长下至教职工，始终明确一个教育理念，即"没有教不好的学生"，"让每一个学生家长满意"。他们认为办学校的目的，就是教好每一个学生，就是让每一个学生家长满意。每个学生最迫切的愿望就是能在学校学到东西，考上理想的高一级学校。而作为家长来说，送孩子来学校也是希望孩子能在这里学到知识和技能，考取理想学校。如果我们真正做到了，家长满意度自然就高，否则，就算学校环境再优美，家长、学生的求学目的未达到，也不会对学校满意。因此，我们应该好好学习这种理念。

2. 学洋思的管理机制

年级负责制，让"包"字落到实处。洋思中学的管理模式突出一个"包"字，将部门、年级、科组、备课组甚至班级全部"承包"下去。基于班级数逐渐增多的情况，他们于2002年推出"三级六部"管理模式，将全校三个年级分成六个部，在六个部设立分校长，分校长采用竞聘上岗的形式，并承包本部的教育教学工作，有权利又有责任。在这种管理机制下，广大教职工的积极性被充分调动起来了。同样，公明中学班级也在不断增多，过去的年级包干方式必须进一步优化完善，学洋思经验，让学校的各项工作都"承包"下去，激发教职工的热情和积极性，有效提高各项工作的效率。

3. 学洋思严格的教师校本培训制度，让教师尽快成长

洋思中学之所以能把"三流"的教师培养成"一流"的教师，甚至能让一个新进教师在短时期内成为一名业务熟练的"老教师"，很重要的一点就是注重抓教师的校本培训，即每年利用寒暑假举行教师业务培训，新教师上过关课，中年教师赛课，老教师上示范课等。通过一个假期的培训，全校教师都得到了专业成长。洋思中学还严格规定新教师如果没有完全达到学校要求，不准上课，只能听课、试教，等完全掌握学校的教学模式后，才能进行课堂教学。公明中学每年都有不少新进教师，他们来到学校后还未熟悉教材和教法，便匆匆走上讲台，如此势必无法上好课。因此公明中学也必须学习这种教师校本培训方式，让全校教师通过学习提升业务水平及教学能力。

4. 学洋思的课堂教学经验

让学生自觉参与、高效学习、照顾后进生、课内完成作业、日日清、周周清、月月清，洋思中学的课堂教学模式体现了"先学后教，当堂训练"，在课堂上真正调动起了学生的积极性。这点公明中学很多教师就做不到，我们很多老师怕学生学不好，课堂上总是反复讲解，"滔滔不绝"。有些老师甚至占用学生自习课时间用来讲授知识。这样学生哪有时间有针对性地复习当天所学知识？特别是他们做到当堂完成作业这点更值得我们推广，一者，可减轻学生负担；二者，可当天发现学生对知识的掌握情况。同时我们还要尽量做到日日清、周周清、月月清，让学生对知识学得好、记得住、用得活。

5. 学洋思人的拼搏精神、不甘人后的干劲

洋思中学的教师因为都有一股不甘人后的精神，所以表现在工作学习中都虚心好学、永不满足，这一点从每年假期全校教师自觉参加校本培训的干劲就可以看出。同时，他们在教学中引进竞争机制，新老师们都鼓足一股劲，认真教学，特别是在"三清"中不甘人后，做到人人达标，个个优秀。公明中学必须在广大教师中提倡和培养这种精神，充分调动教师工作积极性，全面提升学校的教育教学质量。

总之，对照洋思中学，我认为公明中学当时教学质量虽然已有一定的

提高，但离街道领导、群众的期望还有很大差距，必须不断改革创新，学洋思、炼技能。只有这样，公明中学才能真正做到提质量、铸品牌，成为人民群众满意、领导放心的名副其实的省一级学校。

二、感受上海"大教育"

上海是我国一线特大城市，是国际金融中心，也是我国教育强市。上海的教育是中国教育的一面旗帜，代表着中国教育的较高水平，世人把上海的教育称为"大教育"。我早就有意愿到上海的学校看看，适逢公明街道教育办组织中小学校长赴上海考察学习，故此写下《感受上海"大教育"的思考》的报告。

2007 年 11 月 28 日，我参加了公明街道教育办组织的中小学校长赴上海教育考察活动，当时考察了三所学校：上海市杨浦高级中学、上海市曹杨第二中学附属学校、上海市黄浦学校。它们的校容校貌、教育理念、办学特色、师生风采给我留下了非常深刻的印象。

（一）三所学校的总体情况

上海市杨浦高级中学是现代化寄宿制高级中学，创办于 1953 年，占地约 75 000 平方米，建筑面积 5.7 万平方米。校内设施一流，教学楼、行政办公楼、科技实验楼、网络中心、艺术楼、学生公寓、大型餐厅、图书电教楼、综合体育馆、篮球馆以及 400 米塑胶跑道、标准田径运动场、足球场、篮球场、游泳馆等，应有尽有，教学设施布局合理，格调优雅。学校绿化面积占 46%，被评为全国造林绿化"400 佳"单位，是一所处处绿树掩映、时时鸟语花香的学习殿堂。学校坚决贯彻党的教育方针，坚持社会主义办学方向，坚持为学生终身发展奠基，锐意改革，服务学生。学校办学成绩卓著，教学质量受到社会普遍赞誉，办学积淀取得了社会认可。该校的校风——崇尚奉献，追求卓越；师风——一身正气，为人师表；学风——乐学、善思、修德、明理。学校师资力量雄厚，拥有一支以著名特级教师于漪领衔的追求卓越的教师队伍。学科建设成绩显著，有多个特色学科教研组和多名特色学科教师。当时在该校，我们听取了著名特级教师于漪长达三小时的报告，收获很大，启发很深。

上海市曹杨第二中学附属学校是在新一轮教育资源整合中诞生的一所九年一贯制公办学校，创办于2002年，占地面积16 220平方米，建筑面积1.2万平方米。学校环境幽雅，设备先进。教室内安装有闭路电视系统，校内理化生实验室、多功能室、语音室、舞蹈健身房、图书室、电子阅览室等具有现代功能的专用设施，应有尽有。学校落实诚信务实、优质高效的工作精神，承担政府办学责任，全面推进素质教育，努力创建全国一流、上海领先、特色鲜明、品质优异的现代新型实验性示范性公办学校；培养"德才兼备、文理相通，身心和谐，品行高雅"的合格建设者和可靠接班人；实践"勤奋进取、求实创新"的精神；形成"爱国、爱校、好学、上进"的校风，"敬业、乐业、专业"的教风，"爱学、勤学、善学"的学风。学校开办以来，教师、学生获全国、市、区各级各类奖项多不胜数，获得教育行政部门和社会的一致认可。学校与曹杨二中一脉相承、特色贯通，坚持"阳光育人、和谐发展"的办学理念，弘扬勤奋进取、求实创新的学校精神，紧紧围绕"人文求善、科学求真、快乐学习、阳光成长"的育人目标，以先进的教育思想、凸显人文特征的课程体系及现代化的教学手段、科学的组织管理追求大众化的优质教育，努力创建全国知名、上海领先，总体水平高、特色鲜明、品质优异的阳光学校。

上海市黄浦学校是一所综合性的九年一贯制学校，拥有功能完备的现代化教学设施。学校确立了"以人的发展为本，营造最佳教育环境"的办学理念，坚持走"科教兴校"的发展之路，坚持二期课改为主的教改方向，以"创教育精品，办精品教育"为目标，开发了艺术教育、心理辅导等探究型课程，是上海市素质教育实验学校、上海市中小学课程教材改革研究基地、上海市黄浦区教师进修学院教育实验基地，也是黄浦区政府重点建设的一所以体教结合为办学特色的学校。学校教师队伍素质高，骨干教师力量强。学校组织教师优化课堂教学行为，精选作业减负增效，落实辅优计划，立足中考，兼顾学科竞赛，努力满足不同层次学生的学习需要。学校重视学生的德育教育，关注学生心理健康。通过校史的教育、温馨教室的建设和心理健康教育，为学生的道德品质、意志品质和心理品质的形成营造健康的成长环境。学校重视艺术、体育教育，努力提高学生的艺术修养和身体素质，把舞蹈、电子钢琴、轮滑、射击、游泳、体操、足球、橄榄球等项目列入教学内容，让学生在学习中激发兴趣，享受乐趣，全面发展。学校以良好的教育环境形成"科学、民主、爱国"的精神氛围、明荣知耻的道德氛围、严谨治学的教研氛围、刻苦钻研的学习氛围。

（二）参观三所学校的启示

参观完三所学校后，我深深体会到，上海教育之所以被称为中国的"大教育"，的确有其独到的一面。在这之前从未去上海的学校考察学习过，对上海的教育仅仅是道听途说或从阅读书报中略知而已。这次真正走进上海的校园、课堂，聆听校长、专家们的报告，不仅开阔了视野，更清醒了头脑，提高了认识，坚定了认真抓好课改的决心。

启示一：办好一所学校，校长必须有先进的办学理念

三所学校的校长都有着明确先进的办学理念。如上海市曹杨第二中学附属学校的办学理念"阳光育人，和谐发展"，强调的是关注人（师生）的成长和发展，注重培养出健康的人、健全的人、有发展后劲的人。而上海市黄浦学校的办学理念是"以人的发展为本，营造最佳育人环境"，强调的是学校育人环境建设，关注学生的健康成长和长远发展。上海教育特别注重"以人为本"，学校的各项制度、各项工作都紧紧围绕"人"这个命题。这些办学理念和时下先进的教育观念非常吻合。

"先进的思想决定超前的行动"，上海人的教育理念的确走在国内前沿，于漪老师说过"教育就是培养人"，"今天的教育就是明天的未来"。作为一所学校的校长，要培养出学生适应未来的能力，就必须有先进的办学理念。

启示二：校长要充分挖掘和利用资源，为学校的发展服务

上海和深圳一样，人口密度大，校园空间有限，学生多、学校多，教师教学水平参差不齐。要想办好一所学校，校长就必须学会挖取和利用有效资源，为学校的发展服务。如上海市曹杨第二中学附属学校，他们充分

利用曹杨二中的优秀资源，对本校教师进行培训，传承曹杨二中"文理相通、人文引领"的办学理念，促进师生主动发展。到2007年，创办短短五年，学校就发生了翻天覆地的变化，一跃成为区内名校。又如上海市黄浦学校，利用黄浦区体育局的场馆，建成了全国有名的射击训练馆、轮滑馆、篮球馆、游泳馆，大力发展学校的体育特色，培养出一大批优秀运动员。学校自身的资源毕竟有限，只有发掘整合周边社会资源，才能更好地为学校服务，促进学校的持续发展。

启示三：校长要会打造学校亮点，提升学校知名度

每个学校都有自己的名师、骨干教师，这些教师在学校具有很大影响力，但很多校长不太看重本校的名师，喜欢欣赏别校的名师，总觉得"外面的和尚会念经"。于是质量上不来，就埋怨这埋怨那，就会说没有好师资。其实，好老师就在你身边，只是你没有好好去发现、利用而已。在这方面，上海的校长们就"高明"得多。如上海市杨浦高级中学，他们学校走出了语文特级教师"人民教育家"于漪，于是他们充分利用这个优秀的资源，专门建立于漪纪念馆，为于漪老师竖立雕像。在于漪的示范引领、传帮带作用下，一大批特级教师、名师脱颖而出，同时，学校在校园最显眼的地方，展示本校的名师风采，让名师们成为学校的一张张名片。上海市曹杨第二中学附属学校也有类似的做法。上海市黄浦学校还把毕业于该校的名人作为学校的名片大力宣传出去，如宋庆龄的母亲就毕业于该校。这也启发我们，适当宣传，可更快提升学校的知名度，让学生一进校门就油然而生光荣和自豪之情。

三天上海的校园漫步，三所学校的参观考察，我感受到了上海人做教育追求卓越的气质和气魄，上海教育人的"精明"，以及他们先进的教学思想体系和对教育执着的追求，这些都将更好地促进我们今后的学校管理。

三、美国考察日记六则

我先后赴上海、江苏、重庆、贵州、安徽、湖北、湖南、新疆等地的名校进行考察学习，对国内的教育现状有了大致的了解。后来就想着到国外的学校也看一看，特别是看一看发达国家的教育究竟是怎样的，它们的课堂，它们的校园，甚至它们的日常生活等都想了解感受一下，想知道是不是和所谓的"海归专家"说得一样"至善至美"。2012 年，我有幸参加深圳市中学校长创新班培训，其中一段美国教育考察之旅，给我留下了非常深的印象，我特别选出有代表性的六则日记和读者分享。

"蚂蚁教授"的一堂别致的课

2012 年 5 月 21 日

今天上午，我们去美国天主教会的一所私立完中参观，感触颇多。美国中学生上课，没有固定教室，学生都是走班，每节课一小时，两节课之间只休息 5 分钟。一天上 5 节课，早上 7:40 到校，下午 3:30 放学。每天做作业要 2～3 小时，其中既有短期作业（当天作业），也有长期作业，比如探究性学习。我感觉学生虽然很累，但挺开心。

他们的招生要求一般会结合以下四点。①原学校任课教师的评价与学生平时成绩；②学生参加的社会实践活动情况；③和学生见面，并让他和其他学生一起参加活动，看学生在活动中的表现；④和家长见面谈话至少半小时，内容涉及学生在家的表现及家长对小孩教育的配合情况。最后才决定是否录取。这个周期一般长达四五个月。我认为这样的招生制度对学生十分公平，也是非常可取的。

下午，有幸听到了布朗大学的"蚂蚁"教授丹·比萨乔尼（Dan Bisaccio）的讲课（因为他上课时喜欢让学生画蚂蚁，且经常让学生像蚂蚁一样去参加社会实践活动，所以学生们亲切地称他"蚂蚁"教授）。他介绍的一种项目式学习（project-based learning）十分有趣。他事先让我们每人在空白纸上画一只蚂蚁，结果大家画得五花八门、乱七八糟。因为我们平时从来没注意观察蚂蚁有几只脚，头尾是怎样的。他告诉我们，他带全世界的博士生，他们画的结果也并不比我们好，原因都是平时不注意观察。后来他又给我们介绍了一种"蚂蚁"探究法，让我们自行分组，利用半小时在布朗大学校园调查美国人，问题自己提，方法自己想，结果自己总结。我们小组则选择了解美国人对汉语的了解程度。我们随机采访了路上的 15 名美国人，用汉语问"你知道布朗大学教育系（我们上课的地点）怎么走吗？"得出的结果是：1 人会讲简单的汉语，1 人知道我们讲的是汉语，其余人均不知道我们说的是什么。据此，我们对材料进行了整理组合，形成了简单的调查报告，并在小组中分享。我感觉这种探究式教学方法挺好的！我们是否也可以借鉴用在国内课堂上呢？

听美国公办高中的一节数学课

2012 年 5 月 22 日

今天上午，我们参观了美国一所公办高中——古典高中（Classical High School），这所学校共有 1 060 名学生，74 名教师（注：2012 年数据）。一走进校园，迎面摆放在过道、墙壁上的都是各种获奖奖牌、奖杯，不计其数。学校面积不大，运动场也小，校园建在一个四合院里。该校有 20 多个运动队，体育是该校的强项和特色。学校开设了 20 门 AP 课程（大学公共基础课程），76% 的学生都会学选修课，这在全美都排在前列。有 60% 的学生参加了社团组织，特别是环保类社团，他们取得的成绩排在全美第二名。学校学制 4 年，分别是 9、10、11、12 年级，必修课是英语、数学、科学、历史，选修课是艺术、音乐、表演、体育等。其中 11、12 年级学生可报 AP 课程，学生毕业时要举办四年学习成果展示会，由学生自己表述，同学评议，通过这个环节才能毕业。该校也有中国学生，带我们参观校园的便是 2009 年随父母来这里的甘肃兰州的小姑娘王景云，她在这里读 11 年级。她告诉我们，她是通过考试才进入这所学校的。她父亲在一个研究所工作，母亲目前还在找工作。在美国读高中，适应语言只需要一年。在这所学校她组织成立了"学中文社团"，有十几个美国学生参加。在这里她觉得很开心，上课很自由，但并不轻松。在她的带领下，我们走遍了整个校园，一路参观了英语教室区、数学教室区、科学教室区、艺术教室区、体育教室区等，另外，美国的教师没有专门的办公室，教室就是他们的办公室。一般相同学科在同一区域，学生基本都是走班上课，根据自己的课程表到专门的教室。学生的书包、书籍、文具等都有自己专门的柜子存放。

上午我们还特意走进美国课堂，听了一节 11 年级的数学课。我们进去时，课程已经开始了，讲课内容是高中数学"对数的性质及运用"。上课前半段，教师先讲评了利用对数相等解方程的方法（我估计是昨天的作业），并讲解了几道题：

$\log_3(3x+4)=\log_3(x^2+x)$，

$\log_{12}(x+5)=\log_{12}(x^2-7)$，$\log_6(-8)=\log_6(x^2-6x)$，

$\log_9(3x-10)=\log_9(x^2-4x)$。

$\log_4(10x-7)=\log_4(2x^2+1)$，

$\log_9(-x+2)=\log_9(x^2-4)$。

然后开始讲授新课——对数的性质，

$\log_b b=1$，$\log_b 1=0$，$\log_x a^b=b\log_x a$。

讲完性质马上布置练习：$\log_2 4^2=2\log_2 4$，$\log_2 32=$＿＿，$\log_5 625=$＿＿，$\log_2 8^5=$＿＿……

总体上来看，内容简单，计算量也不大。基本上也是老师满堂讲，虽有讲练结合，但也是教师把解题过程及结果告知学生。一节课的容量还是蛮大的，讲了对数的 7 个性质，练习了 22 道题。听完课后我还特意看了看数学课室，墙壁上挂着 1 至 12 的平方表、立方表，还有平方根是 1 至 5 的平方根表，估计是要让学生多看并且了然于心。看来美国数学教育也开始注重学生的基础知识培养了。

和美国学生一起共进午餐后，我们下午又回到布朗大学听"蚂蚁"教授的讲座。这次他和我们一起分享了他以前任教的中学的概况，并介绍了他带老师上科学课的指导思想。

高质量的美国私立高中

2012 年 5 月 23 日

今天上午，我们坐车经过长途跋涉，来到美国马萨诸塞州的私立高中——劳伦斯中学（Lawrence Academy High School），这是一所位于郊

区的贵族学校，周围基本上都是富人住宅区。学校环境优美，占地面积大约 60 000 平方米，比前几天看到的学校大得多。学校设施齐全，教学设备先进。每个教室都配备先进的多媒体平台。特别是艺术项目，有专门的艺术功能室和电脑制作室。学校处处都安装了电脑供学生使用，并且建立了免费 Wi-Fi。

这所学校开办于 1793 年，1925—1971 年是男校，后改为男女混合学校，学校历史悠久，艺术是这所学校的强项和特色。2012 年，有在校学生 400 人，教职工 80 多人。学生来自世界各地，包括日本、意大利、中国、泰国等，是一所国际学校。不过，国际学生控制在 50 人以内（美国联邦政府规定），当时，来自中国的学生共有 10 人。学校招生主任告诉我们，他们的招生程序是：①学生网上申请；②学生原学校成绩单及教师推荐信；③参加美国初中升高中考试 SSAT（即中考）成绩；④学校录取。学生每年需要交高额学费，住宿生 5.4 万美元，走读生 4 万美元。高中学制和其他公办学校一样，是四年制，分别是 9、10、11、12 年级。学校上课一般每个班 12 人，上课形式是走班制，学校开设必修课：英语、数学、外文、历史、科学，选修课则有很多，一般根据学生需求开设。另外，他们虽然开设了 5 个 AP 课程，但他们认为 AP 课程已经过时，在美国很多一流大学像哈佛大学、耶鲁大学等都不看重 AP 课程。他们的学生绝大部分都能考上各种名校。

学校经费主要源于学生所交学费，大约占 85%，其他还有团体、企业、校友等的捐款。这所学校实行精细化管理，设置指导老师，每名指导老师负责 7 名学生，负责为学生提供学习规划、生活指导，并帮助他们与人交往，学生每天基本上要和指导老师见一次面，反映自己学习、生活、感情等方面的情况。当有学生想家时，指导老师会想尽办法安慰他，让他尽快适应学校生活。学校师生每周开 2 次例会，基本上 20 分钟一次，一次是校长讲话，一次是学生会主席讲话。

美国学校比较注重培养学生能力，带我们参观校园的基本上都是学生，我们走遍整个校园，感觉到美国私立学校的管理非常到位，地面一尘不染。学生上课也很专心投入。问了几个中国学生，他们都感觉学习比国内轻松，压力不大，在国内做作业基本要四五个小时，而在美国只需要两三个小时就完成了。特别是数学课程，和国内比要简单得多。我们还问道：假如要你们对国内的英语教学提一些建议，你们会提些什么？他们大部分都说：国内英语教学太注重语法，口语练得太少，还有写作也必须加强。

校长为了让我们更加了解学校情况，还安排了 5 名教师与我们交流，其中有一位教师在这里工作了 39 年，尽管这里工资不算高，但是她觉得这里同事关系融洽，加上学校在不断发展变化，所以她一直在这里工作，这在国内私立学校是很难见到的。此外，美国私立学校也注重教师的培训。每年暑期教师都要在校内或去大学接受培训，通过培训提高自身素质，增强职业认同感，更好地为教学服务。不过他们很羡慕我们，政府能出资让我们不远万里来到美国学习考察，这在美国几乎是不可能的。他们也真的很希望到中国学习，看看中国学校是如何进行教育教学的。

美国特许学校

2012 年 5 月 24 日

今天上午我们来到了美国普罗维登斯市的特许学校——黑石谷预备学校（Blackstone Valley Preparatory School），特许学校是英文 charter school 的译称，也是自 1990 年以来，在美国兴起的众多公办民营类学校中的一种。

所谓特许学校是除招收普通学生外，还招收特殊学生（盲人、听障人、弱智儿童及问题儿童等类型的学生，这些学生必须有医疗机构的鉴定）的一种公办民营学校类型。这所政府特别资助的学校办学时间不长，有两个校区，共 520 名学生，均来自附近四个城镇，其中特殊学生占12%。员工 60 多人，其中教师 50 人。学校目前只有小学一至六年级，将来会发展到中学十二年级。

在深圳，一般特殊学生都会集中到元平特殊学校就读。但在美国，由于教育一致推举公平制度，即每个人都应享受同等教育的待遇，特殊学生也和普通孩子一样享受普通学校教育。因此普罗维登斯州政府成立这所学校以来，给很多家长多了一个选择，正常学生和特殊学生都可以报读，因为进入这所学校不需要考试，只需要申请就可以了。

这所学校为了让更多特殊孩子成长进步，要求每位学生必须尊重特殊学生，帮助他们学习及生活。对帮助特殊学生较多的学生，学校会给予奖励，大概是每人5美元的可以兑换物品的现金券，这个措施大大鼓励了普通学生与特殊学生相互帮助。

这所学校，学生不再是走班制，基本上和中国一样，在原课室上课。为了帮助更多特殊学生学习，该校还在人员配备方面下了很多功夫。上课时每个班都配有2名教师，一名是主教老师，另外一名是助教老师（一般是刚毕业，教学经历短的教师）。这名助教老师的职责是专门在班上帮助特殊学生学习，同时学习主教老师的教学方法。同时，该校为了让更多学生提升学习效率，开创了手势语教学。比如，大拇指和小指同时伸出，表示我的想法和他一样；两手十个手指同时做抓放的动作表示我支持他；食指和拇指相击发出声响表示我很高兴、鼓励他，等等。学校还给每位教师配备先进的通信设备，特殊学生有任何问题，指导教师24小时内都会给予及时的指导帮助。

这所学校的学生一般早上7:50到校，下午4:15或5:15才回家，每个教室都标有科任教师毕业学校的校徽，有麻省理工学院，也有哈佛大学、普林斯顿大学等，以此激励学生拼尽全力将来也要读这些大学。他们把所有学生称为学者，就是要鼓励学生好好学习，将来成为一个让人羡慕的知名学者。

相比其他公立学校，我觉得这所学校更具有现实性和典型性。在他们身上，我们看到了美国教育的公平性、平等性。的确，在西方社会，教育的公平性是体现一个社会是否民主、自由、公平的象征。其实我们在中国香港也看到过这类学校，同样给予特殊学生一样的教育支持，把他们放在普通学校之中，让他们和普通孩子一起学习生活，让他们快乐成长，这些都值得我们好好学习借鉴。长期以来我们深受中考、高考的桎梏，总是不愿意接受这些学生，把他们推到特殊学校，其实应该换个思路重新去审视。

美国人的周末

2012 年 5 月 27 日

从 25 日开始至 28 日四天，由于布朗大学召开学生毕业典礼，大学附近所有的酒店都被要参加毕业典礼的家长预订了，按照布朗大学的计划安排，我们这几天只能外出旅游度假。于是我们班委商量，组织大家去纽约州附近的地方旅行。

在美国旅游，还真不同。我们定的行程是参观美国水牛城、尼亚加拉瀑布和千岛湖等景点，所以我们这一路选择乘坐汽车观光旅游。

在美国坐汽车旅游欣赏沿途的风景，是一件十分惬意的事情。人们都说美国是"车轮上的国家"，我们这次旅游，就充分体验到了这点。第一天我们 9:30 从普罗维登斯市出发，经过近 10 个小时的车程才到大西洋城。一路上我们看到美国繁忙的高速公路网四通八达，建设得非常经济适用。穿越山区、树林的高速公路基本上没有护栏，往返双向车道中间也没有设置隔离护栏，只有一条比较宽阔的草地做隔离，且紧急情况下还可以驶到对向车道。公路两侧或是翠绿欲滴的树林，或是湖边、海滨。坐在车上，给人一种心旷神怡的感觉。每隔一段距离都设有高速公路休息站，休息站内的服务设施也都比较齐全，有饭店、大型购物商场，甚至还有酒店娱乐设施等，基本上和城市没有什么区别。

美国人特别懂得享受生活。大家不喜欢闷在大都市里，一到周五下班后，基本上都会开车出去游玩，或一个人，或与家人、朋友，高速公路上的车辆就像蚂蚁搬家一样，密密麻麻。但美国人开车很遵守交通规则，不管前面有多堵或发生车祸，大家都很守规矩有秩序。这也许就是西方社会进步的汽车文明吧。美国人开的汽车品牌各种各样：有本国的福特、通用，也有欧洲德系、法系的，而更多的是日本丰田、本田。有高档的也有一般的，有尊贵型的也有普通版的。比如我们看到的高级房车，那是一部和特大巴士一样大小的客车，里面有会客厅、饭厅、浴室、卧室等，一家人外出半个月都不需要住酒店，直接住在车上就可以了。总之，在高速公路上，就像在观看美国的汽车展。

这次旅游最大的感受是美国社会的环境保护工作做得非常好，到处是青山绿水，蓝天碧地。只要在路上走，映入眼帘的一定是那翠绿的树木，还有那嫩绿的草坪，修剪得不长不短，恰到好处，就像我们国内高尔夫球场的草坪那样养护得非常漂亮，偶尔还会见到一两只松鼠、野兔、野鹅在草地上。在草坪上躺着，感受着那带有一点点潮湿的微风吹拂的温暖，仰望着蓝天白云，那种滋味是无比甜美的！

美国"CES"学校

2012 年 5 月 30 日

今天上午，我们 7:00 从酒店出发，前往位于新罕布什尔州（New Hampshire）的一所重点学校——苏海根库普高中（Souhegan Coop High School）参观。这所学校距离我们住的地方比较远，坐车要经过波士顿，9:00 我们才到学校。

这是一所公办中学，创建于 1992 年。也是"CES"（Coalition of Essential Schools，要素学校联盟）组织成员之一。学校坐落在一个叫阿默斯特的宁静小镇，靠近高速公路，校园面积很大，目前有学生 821 人，教师 90 人，有 9、10、11、12 四个年级。招收的主要是当地阿姆赫斯特和弗农山城镇的学生。

该校和其他中学一样，也采用走班制教学，开设必修课英语、数学、科学、历史、外语，此处还开设了很多选修课。但该校也有自己的办学特色，如规范的学生成长记录、相互整合的学科课程、保姆式的导师制管理等。

（一）规范统一的学生成长记录

该校非常重视学生成长记录袋的建立，还统一制定记录袋样式。为了让我们更直观地了解，校方还特意找来了一名学生向我们介绍他是如何收集整理成长记录的。他从 9 年级就开始，把自己喜欢的活动、探究的课题、获奖证明等都收集起来建立成长记录。他向我们特别介绍了"关于地球核的研究"探究性学习，给我们展示了他如何研究、如何发现结果等过程，我们看到在整个探究活动中，学生表现得非常认真积极，教师也给学生的成果进行了评价，并给予一一指导。教师的评价大致包括该项活动完成的质量如何、比以前是否进步、今后努力的方向等方面。我们看到该校的成长记录袋，记录下了许许多多美好的瞬间，有老师、同学、家长看后的评价，也有学生自己的反思，其中评价重点在于学生的思考力、学习力、合作能力、信息处理能力、责任心等各方面。此外，学校还要求每年年末对学生制订的成长记录进行考核。学生对这项工作非常重视，因为高中毕业前，每个人必须展示自己四年的成长记录情况，没有展示的则不能毕业。况且高中毕业后要申请大学，也必须有这些实践活动，到时学生只需从高中四年的成长记录里选取一些比较好的作品就可以申请大学了。

（二）一节学科整合公开课

在该校，我们还观摩了一节数学与社会学科的整合公开课，由数学老师与社会老师共同执教，主教者是社会老师，数学老师协助。学生事先带来在家里准备的展板，展板内容大致是介绍自己高中毕业后打算要干些什么。上课后不久，老师先让学生把自己的作品挂在墙上，然后每人看墙上他人的作品。我们和学生一起围着课室走了一圈，学生的作品五花八门，形态各异，但都能完成老师的要求。我们找了两个学生，让他们介绍一下自己的作品。一个女孩告诉我们，她用四周时间完成了作业，作品内容是2015年，她要到纽约读大学，学习新闻专业，毕业后她要住在海边，还包括她想要找一个什么样的老公，生一个什么样的孩子（均有照片显示）。而另一个男生则告诉我们，他将来想住在怎样的房子里，他会在哪里上大学，毕业后他想经常陪着父母去旅游。他的第一份工作是做推销员，他喜欢大海，希望将来能拥有自己的游艇，还想参加曲棍球队等。后面和老师们交流才知道，整个项目已经开展一年多了，一开始他们要求学生寻找生活中的数学，如图表、税收等，让他们分析图表中的数据，教他们作生活开支预算，及计算一个项目所需经费，怎样借钱，利息税差是多少，什么时候还，怎样还比较划算等。任课教师认为，在美国，生活总是与钱打交道，把社会经济与数学结合起来，会让学生学到更多、更实用的知识。今天这节课是这个项目的最后一个环节。他们经常开设这种将几个学科整合的课程，这正是我们需要好好学习的。

（三）导师制管理

我们还参加了两节学生与导师的沟通课。在美国，中学教学基本上是走班制，学生没有固定的教室，也不像我们国家的班级授课制那样有固定的教师进行管理、沟通。为了解决这个问题，他们制订了学生导师制，由一个导师负责十几个学生，导师的作用就是帮助学生解决学习、交往、生活、思想等方面的困扰。这个学校在这方面工作做得特别突出。该校安排一个导师负责 8 名学生，行政人员、校长也要作导师。他们每天安排 25 分钟作为一个课程，让学生与导师见面，谈今天的感受、困惑，也可以玩游戏，或让导师辅导作业。我们问了 11 年级的一个导师班，他们对这个组的感受是什么，结果他们都认为在这个组里有一种家的感觉，在这里可以倾诉、同学之间可以互相帮助、可以让那些不爱说话的同学开口、可以举行生日庆祝……还有学生说，在这里导师还会帮助同学写简历，指导完成申请大学的论文等。看来，他们这种导师制，比我们的班级制有过之而无不及啊。

（四）观摩别样的工程选修课

在这所学校，我们还观摩了一节工程技术选修课，在这里我们看到了和国内高中毕业班不一样的教学。上课的是 12 年级的学生（相当于国内高三）。有 14 名学生上课，他们在做动力汽车或动力电锯。看着他们十分投入的样子，我们怎么都不敢相信这是高中生的课堂。授课教师向我们介绍这种课在这里十分受学生欢迎，几乎所有男生都会报名，当然，也有部分女生。他将学生按水平高低分为初级班、中级班和高级班，做的项目也不同，有遥控车、攀山车等。每个学期老师对学生的活动表现、作品情况进行考核，一般以等级呈现。课室内摆放的学生作品，以及学生熟练的动作，真的让我们瞠目结舌。

考察回来的路上，我一直在想，我们国内课改，初中已开展了近十年，高中也已经六年了，但是我们仍然停留在"穿新鞋，走老路"上。我们的学生年龄越大，年级越高，有时动手能力反而越差。如果再这么下去，我们未来的人才还谈何竞争力？作为深圳市中小学校的管理者，我们究竟应该做些什么？

第二节　学习培训促提升

如果说参观学习可以开阔眼界，那么，培训学习就能够真正提升自我理论水平和教育教学观念。和许多同仁一样，我们不断参加各级各类培训，既有校内的，也有校外的；有专业课程的，也有公共课程的；有面向普通教师的，还有以中层干部、校领导等管理者为对象的。回想起来，大大小小的培训每年都不少于5次。尽管大家对培训太多还是颇有微词，但事实上，我认为培训是教师最大的"福利"。我到美国布朗大学做访问学者时，听说他们的老师要想参加培训都是自费的。

以下是我参加培训的心得体会和对教育的一些思考。

一、教师如何应对基础教育课程的改革

2003年8月19日，我参加了深圳市宝安区课改综合培训后，受益匪浅，感触良多。与以往历次课程改革相比，此次课程改革的最大特点就是不但课程体系有了巨大调整，而且教育思想也发生了革命性变化，即通过课程改革促使教师的教育方式和学生的学习方式发生根本转变，使学校教学工作真正走上素质教育的轨道。归纳起来，此次"课改"具有以下五个显著的特点。

（1）转变教育功能，将素质教育的理念落实到课程标准之中。2003年印发的普通高中课程方案和课程标准实验稿力图在课程目标、内容标准和实施建议等方面全面体现"知识与技能、过程与方法以及情感态度与价值观"三位一体的课程功能，从而促进学校教育重心的转移。

（2）突破学科中心，加强学科整合并设置综合课程。精选终身学习必备的基础知识和技能，改变课程内容繁、难、偏、旧的现状，密切教科书与学生生活以及现代社会、科技发展的联系。

（3）强调课程目标，增大学校和教师在课程执行中的自主权。2003年

的课程标准（实验）重视对不同阶段目标的刻画，以及对实施过程的建议，对达到目标的内容与方法，特别是知识的前后顺序不做硬性规定。这是"课程标准（实验）"和"课程大纲"的一个重要区别，为教材的多样性和教师教学的创造性提供了较大的发挥空间。

（4）强调学习方式的改善。各学科课程标准通过加强过程性、体验性目标，以及对教材、教学、评价等方面的指导，引导学生主动参与、亲身实践、独立思考、合作探究，发展学生搜集和处理信息的能力、获取新知识的能力、分析和解决问题的能力以及交流与合作的能力。

（5）评价建议具有更强的指导性和可操作性。2003年课程标准实验稿力图提出有效的策略和具体的评价手段，使评价的重心更多地指向学生的学习过程，从而促进学生和谐发展。

国家基础教育课程改革能否成功，改革目标能否实现，关键之一在教师。就教师而言，要适应改革后的课程教学，就必须通过继续教育对课程改革要求有充分理解，并诚心接受，热情投入，有效实施。在此基础上，根据课程改革要求，不断提高自身综合素质，在课程实施中实现自身发展。教师的发展又将构成课程实施的条件，为此教师要不断加强学习。

首先，教师必须认真学习现代教育理论，特别是素质教育、创新教育和基础教育改革等方面的理论，转变传统的教育思想和观念。如我们经常讲教育，教师天天搞教育，但到底什么是教育？显然，这个问题不搞清楚，就很容易导致教育的异化。再以我们熟悉的考试升学率为例，它本来反映的是一个国家或地区在一定时期的社会经济发展水平，但在现实中，人们常常对其本质意义严重忽略，而经常将其作为衡量教育质量和办学效果的一项重要指标（有时甚至作为唯一标准）。这种观念和认识上的误区，必然使评价导向发生偏差。这也是实际工作中素质教育很难落实，"应试教育"愈演愈烈的一个重要原因。由此看来，我们在教育观、教学观、课程观、知识观、学生观、人才观、质量观、考试观等教育思想方面恐怕都有重新认识和认真反思的必要。

其次，随着课程改革的运行，教师要调整自己的角色，改变传统的教育方式。教师要由传统意义上的知识的传授者和学生的管理者转变为学生发展的促进者和帮助者；由简单的教书匠转变为实践的研究者或研究的实践者；由教学活动的主角转变为学生学习的指导者和配合者。在教育方式上，也要体现出以人为本，以学生为中心，让学生真正成为学习的主人而不是知识的奴隶。在课堂教学中，教师应帮助学生检视和反思自我，唤起学生成长的渴望；帮助学生寻找、搜集和利用学习资源，设计恰当的学习活动；帮助学生发现他们所学东西的实际意义，营造和维持学习过程中积极的心理氛围；帮助学生对学习过程和结果进行评价，并促进评价的内在化。教师要善于捕捉和激发学生思维的火花和学习的灵感，发现和挖掘学生发展的潜能和动向。

课程改革实际上对教师提出了作为教育专业工作者的更高要求，这就是成为学生成长的引领者，学生潜能的唤醒者，教育内容的研究者，教育艺术的探索者，学生知识建构的促进者，学校制度建设的参与者，校本课程的开发者……照此要求，我们任重道远，确需努力。

二、历尽唐僧千般苦，为做教改领路人

我在从教近30年、任中学副校长近10年时，有幸参加深圳市中学校长教育管理与创新培训班。三个月的时间里，通过深圳市独创的"三地两国"培训模式，我不仅领略到了教育大家的风范，还开阔了教育管理的新思路，并且感悟到了教育工作的新方法。现就自己的一些体会简单作一个总结。

（一）北大学习提气神

2012年3月11日—4月9日，我们在北京大学进行了一个月的封闭式培训。这一个月里，我们吃住在北大，上课在北大，每周上六天课，每天六个小时，认真听取专家、领导的讲座。每天两位老师授课，一个月内，我们先后聆听了31位知名专家、领导的讲座。其中有北京大学"十佳优秀教师"、北京师范大学"十佳优秀教师"、中国人民大学教授、中国社会科学院研究员，还有部分教育部领导、北京市教委领导。讲授的内容，包括

国家大政方针、教育管理与创新、文化、艺术、宗教、心理等方方面面的知识，我们就像对学习如饥似渴的孩童，每天拼命地汲取养料，不断地吸收与消化这些丰富而又高质量的知识营养。一个月的学习培训，让我真正领悟到作为一名教育人应有的新理念、新思想，提高了认识，夯实了理论基础，明确了方向，坚定了信心。

（二）香港考察开眼界

中国香港，在很多人眼中是繁华之都，其实香港更是中西文化结合的典范，融合了中国传统文化和西方现代文明。以前去过香港多次，但主要是个人旅行，这次则是进行半个月的学习考察，系统地去认识香港的文化和教育制度，深入了解香港的独特文明面貌。

2012年4月15日下午，我们从深圳湾入境来到香港，开始了半个月的第二阶段考察学习。在香港，我们听取了知名教授、前政府官员、中小学校长等众多教育界人士关于香港教育的讲座，参观了香港教育学院、香港科技大学、香港职业训练局等三所高等院校，还走进了英华小学、拔萃男校、凤溪小学、大同小学、港大同学会书院、耀中国际学校等知名中小学，深入了解了香港教育的发展史，亲身感受到香港独特的中西交融教育文化和先进教育理念。

香港不仅物质文明繁华，教育文化更为先进。香港科技大学创办于1994年，短短时间就迅速崛起成为世界顶尖的名校之一，靠的不仅是物质条件，更重要的是先进的教育理念，优异的办学制度，务实的办学作风。在香港的中小学，校园设施更是处处体现人文关怀，从中可以感受到学校对每一个学生的关心和尊重。

（三）美国考察拓视野

2012年5月16日，我们来到美国考察学习。在美国东海岸有一个小岛叫罗德岛，岛上有一座城市叫普罗维登斯市，这个岛、这个城市都因一所大学而闻名，那就是布朗大学，布朗大学是美国常青藤名校联盟成员，在历史、地质、宗教、比较文学、古典文学、工程、医学等领域处于世界顶尖水平。我们在布朗大学教育系学习，先后听取了七位教授、专家的讲课，同时走进邻近的中小学，考察了数所中小学校，后期下校实训，又考察了美国知名的哈佛大学、普林斯顿大学、耶鲁大学、宾夕法尼亚大学、哥伦比亚大学、麻省理工学院等，通过在美国的考察，大大拓宽了国际视野。

在美国，我们切实感受到了中西方文化的差异，特别是思维方式上的巨大差别。美国独立至今已有 200 多年的历史，由于原是英国殖民地，其教育制度基本上是从英国移植过来的，大部分大学、中学、小学都有英国教育制度的影子。当然，美国教育也有自己的独特风格，由于是一个联邦制国家，经济、教育都由各州负责，各州的教育差异性较大。布朗大学的教授对我们形容说，美国既有世界上最好的大学，也有世界上最差的大学。

在美国绝大部分州均普及了高中教育，普通家庭的孩子可以读免费的公办中学，而有钱人家的小孩可以花大价钱去上私立中学。从师资力量到办学条件，公办学校和私立学校的差距较大，这和中国恰好相反。

在美国一个多月，我们不仅学到了它办教育的模式和思路，也感受和学习了它中小学教育的先进理念和开放式的教育模式。更让我们欣慰的是，美国中小学教育家已经意识到他们在基础教育方面与中国的差距，并准备向中国看齐……美国人的视野、应对问题的勇气与智慧着实让人敬佩。

三个月的学习是漫长的，也是短暂的。通过这三个月的学习、考察、磨炼，我深深感到市局领导的高瞻远瞩，市政府领导的良苦用心，我们决心将学到的知识好好消化吸收，不断反思自身的不足，更新教育理念和管理理念，大胆创新，为深圳教育事业发展闯出一条既能提高教育质量，又能与国际先进水平接轨的新路子，加快培养现代化人才，为深圳现代教育发展作出应有的贡献。

三、学习延安精神，不忘革命历史，继承先辈使命

2019 年，在全国学习贯彻党的十九大会议精神及开展"不忘初心、牢

记使命"主题教育之际，深圳市光明区人民政协委员会组织了部分政协委员到革命圣地延安学习考察，进行革命传统文化教育，以促进对政协委员的教育培养。此次学习考察团由区政协副主席、区政协党委副书记郭峰同志带队，包括部分区政协委员、部分政协工作人员以及特邀代表等，共50人，我也有幸参加。

8月13日，我们学习团一行从西安坐车近5个小时到达中国的革命圣地——延安。一路上，高速公路两边树木翠绿，彻底颠覆了我们头脑中延安满是黄土高坡的荒凉、贫瘠的印象。导游告诉我们，延安人民花了20多年进行植树造林，才有了今天的青山绿水。刚到延安市区，一栋栋高耸的现代化大厦映入眼帘，这是延安吗？我们惊讶，感叹！

当天下午我们就聆听了延安大学马克思主义学院郝琦教授的《延安时期的统一战线及其经验启示》讲座。郝教授的讲座让我们知道了中国共产党在延安时期就注重抗日民族统一战线的建立，团结多数爱国抗日人士，共同抵御日寇的侵略，为抗战的胜利奠定了扎实的基础。第二天上午，我们又听了中国延安干部学院王健教授的精彩讲座《党中央在延安十三年》，王教授以翔实的材料、独到的见解向我们介绍党中央在延安十多年的工作，让我们深刻体会到中国共产党建立新中国历尽艰难困苦，革命果实来之不易。延安，既是红军长征胜利的落脚点，也是建立抗日民族统一战线，取得抗战胜利，进而夺取全国解放战争胜利的出发点。从1935年10月到1948年3月，毛泽东等老一辈无产阶级革命家在这里生活和战斗，领导和指挥了中国的抗日战争和解放战争，奠定了中华人民共和国的坚固基石。在这片神奇的土地上孕育了伟大的延安精神，谱写了可歌可泣的伟大历史篇章。毛泽东思想也是在延安时期逐步形成与发展并走向成熟的。可以说，没有"延安十三年"，就不会有毛泽东思想，也不会有我们现在的新中国。

在延安的三四天时间里，我们还聆听了延安市政协原主席樊高林主讲的《人民政协的光辉历程与新时代使命》讲座。我们先后参观了梁家河知青旧居一、二、三号院，接受了现场教学，重温了《习近平的知青岁月与时代担当》，我们真正了解了习近平总书记在延安梁家河知青生活的艰苦岁月。此外，我们还参观了延安革命纪念馆和具有革命标志的延安圣地宝塔山。几天的学习，我深深地感受到了"为什么我的眼里常含泪水，因为我对这土地爱得深沉……"延安大革命纪念馆展示的图片和实物资料让我们深刻认识到在革命的年代，延安这片土地吸引和激励着当时的热血青年投身革命的洪流，把青春和智慧献给人民、献给国家，并且无怨无悔。延安精神是老一辈无产阶级革命家多年实践的结晶，是中国共产党优良传统和作风的集中体现。这种精神属于过去、现在和将来，并鼓舞和激励着一代又一代的人们。看着那些狭小、阴暗、简陋的窑洞和窑洞里面那简朴得让人难以置信的陈设，我们震惊毛泽东和老一辈无产阶级革命家，就是在这样的条件下，指挥了全国的抗日战争和解放战争，写下了一篇又一篇决定中国革命方向、指导中国革命胜利的光辉著作。一张普通的小木桌，黑色漆皮早已脱落，毛泽东就是在这上面写下了气壮山河的《沁园春·雪》；一面褪色的锦旗，献给一名"解放军战士的母亲"，是对一位革命年代平凡的农村妇女的礼赞；树木削的红缨枪、延安小米、战士手工纺织的粗糙棉布，展示的是战争中的力量悬殊和先烈们不畏一切艰难险阻的革命意志。大家在革命纪念馆驻足良久，被展览深深吸引，聚精会神地观看，低声交流，深刻思考。

虽然短暂的延安红色学习教育之旅结束了，但学习、实践、发展、弘扬延安精神的历史使命才刚刚开始。如何把"解放思想、实事求是""全心全意为人民服务""自力更生、艰苦奋斗"的延安精神与我们"勤奋求实、艰苦奋斗、无私奉献、国兴我荣"的现代精神相融合，贯穿于我们的教育工作中，进一步铸牢"同心"思想，增强凝聚力，以新的姿态、新的风貌、新的干劲立足本职工作，为光明区创建世界一流科学城的目标贡献智慧和力量，是我们的历史责任和神圣使命。

作为一名区政协委员，我们非常感谢深圳市光明区政协给予的这次宝贵的学习机会。延安是革命传统教育基地和统一战线传统教育基地，有着很深厚的统战文化内涵，到延安学习交流激发了我们对理想和信念、延安精神的传承和发扬等问题的深层思考。我们在交流中深深感受到，当前深圳正处于改革发展的关键时期，特别是 2019 年中共中央、国务院发文"支持深圳建设中国特色社会主义先行示范区"，这是对深圳发展的充分肯定和信任，也是对深圳寄托的希望。这是千载难逢的好机遇！我作为深圳人，特别是光明区政协委员，一定谨记为人民谋幸福之使命，在自身岗位上努力工作，不断进取，勇于创新，为实现中国梦而努力拼搏。

只要有时间，我一定会参加各种培训，因为我一直觉得培训是"福利"，是中国特色社会主义国家才有的"福利"。我们可以通过培训，提高认识；通过培训，增强能力；通过培训，结交朋友；通过培训，开阔视野；通过培训，考察各地历史沿革、风土人情……

第三节　深入思考得经验

中国是一个人口大国，占全世界总人口的近五分之一，要搞好教育，是多么难的事情啊！世界上没有一个国家可以参考。近代中国处于半殖民地半封建社会，国家积贫积弱，老百姓连温饱都难以解决，何谈教育？我们这一代人，经历了"文化大革命"的后半期，学校就在大队部，有些在生产队。师资基本上是民办教师，有些是高中毕业，有些甚至还是小学毕业。所以那个年代的教育基本上是以"扫除文盲"为目的。简单来说，就是识字教学。到 1977 年恢复高考，国家开始重视教育，规范教育教学管理。也正因为如此，我才有机会报考中等师范学校。1980 年全国第一批从初中毕业生中选招优秀毕业生到中等师范学校开招，我在众多考生中脱颖而出，考上乐昌师范学校，从此踏上了教坛之路。

我国 20 世纪 80 年代的教育，主要是"强调双基（即基本知识、基本技能）"教育，当时，小学设置的科目只有思想品德、语文、数学、美术、音乐、体育六门，到了初中增加了物理、化学、政治、植物、动物等学科。可以说，小学很轻松，初中中考要考语文、数学、英语、物理、化学、政治这六科，相对来说，科目比较多。初三毕业，学生可以选择报考中专、高中、技工、职业学校等。当时，大家比较追捧考中专，因为考上中专，就意味着免费就读，吃"国家粮"，干部身份，国家包分配。考不上也没有关系，还可以复读，读高中、职高、技校等。学生、老师的压力不大，负担不重。

到 20 世纪 90 年代，义务教育阶段竞争开始激烈，因为想读中专的人太多。普通家庭子女，都想通过中考改变命运，所以大家都选择读中专。因此，各学校为了让更多学生考上中专，基本上都设立重点班、尖子班、实验班，甚至开设复读班收费，让更多农家子女能跳出农门。那个时候教师是十分吃香的职业，尤其是初三教学好的老师，家长们会把他当作能改变全家命运的神一样对待。

到了 2000 年左右，我国教育事业发生了翻天覆地的变化，推动这个变化的主要是海外留学回来的专家，他们从国外学习和感悟了许多新理念、新方法和新思路，一直在推动我国教育的改革。他们提出"新课程改革"理论，从教材编写、课堂教学开始，改变传统的"满堂灌"的教学模式，代之以现在的"导学""小组合作""小组探究"等新型合作学习模式。一段时间，教师的新课程理念与传统观念不断碰撞，出现了许多"轰轰烈烈""吵吵闹闹"的开放课堂，学生的积极性确实被调动了起来，但是也出现了许多无效、低效的课堂教学。大家对课改认识不一，众说纷纭，人云亦云，尤其是对课堂教学、教师、学生的评价，怎样才是科学合理的，也产生了不同的看法。基于此，我也写了不少关于这方面的感悟与思考。

一、深圳市实施初中生综合评价工作后的思考

为全面反映初中毕业生的发展状况，教育部要求对初中毕业生的综合素质进行评价，评价结果作为衡量学生是否达到毕业标准和高中阶段学校招生的重要依据。综合素质评价的内容以道德品质、公民素养、学习能力、交流与合作、运动与健康、审美与表现等六个方面的基础性发展目标为基本依据。

和全国各地一样，深圳市自 2006 年全面实施对初中生综合评价以来，经过多年的组织实施，我们欣喜地看到了综合评价给课改带来的变化，师生对课改工作有了新的认识。但同时我们也发现实施初中生综合评价以来

还存在一些问题和不足。为此，2010年，我们深圳市第五期中学校长提高班学员通过问卷、走访、座谈等多种形式对深圳市初中生实施综合评价工作的情况开展了认真细致的调研。

（一）调研总体情况

为了取得第一手资料，我们分别对学生、教师、家长进行了问卷调查，同时也和部分调查对象进行了座谈等，以此对全市各区学校初中生综评工作有了一个了解。作为对象参加调查师生的达2 300人，家长560人。我们对教师设计了10道填空题，一道问答题；而对学生则设计了5道填空题，一道问答题；对家长则设计了6道填空题，一道问答题。共发出问卷4 000份，回收3 000份，其中有效卷2 860份。通过对问卷的资料分析，我们初步获得如下信息。

1. 对初中生综合评价方案的认知

我们通过设计问题，以问卷的形式对深圳市初中生综合评价方案的社会认知情况进行调研。从分析的数据可以看出，针对"您认为初中毕业生综合评价方案是否公平公正"这一问题，"68%的人认为综评是公正公平的"；对问题"您知道《深圳市初中毕业生综合评价方案》吗？""68%以上的初三师生说认真学习过，23%的人表示听说过……"从调查分析我们可以知道，深圳市对初三实施综合评价四年来，综评工作已经为初中师生、家长所知晓，综评已经成为每年初三工作的一部分。

2. 关于初中生实施综合评价的作用

《深圳市初中毕业生综合评价方案》指出："评价结果的应用：①通知学生个人及其家长。②作为学生是否达到毕业标准的依据之一。C及以上等级为合格。③作为高中阶段学校招生的重要依据之一。用于划定招生学校最低录取标准；学业考试成绩同等的情况下，综合评价等级高者优先录取；作为保送生条件之一。"此方案执行四年来，得到了绝大多数师生和家长的认同。我们在调研时，询问"您认为现行的综评方案对学生的影响"，"7%的人认为很大"；"26%的人认为较大"；"51%的人认为一般"。对问题"您认为初三综评在中招录取时起作用了吗"，"31%的人认为起作用了"，"38%的人认为起作用了，但作用太小"……而事实上，深圳市每年的中考录取原则中都有与初三综评结果相关的设计条款，如深圳市 2009 年高中阶段学校第一批录取标准说明中就有：

（1）公办普高录取的考生五科文化课单科等级均为 C＋以上（含 C＋）。

（2）深圳外国语学校、罗湖外国语学校、南山外国语学校录取的考生英语单科等级 B 以上（含 B），其余四科文化课单科等级均为 C＋以上（含 C＋）。

（3）本批次学校录取的考生综合表现评价等级为 B 以上（含 B）。在同等条件下，优先录取综合表现评价等级高的学生。打"＊"号的录取分数线，表明当考生的标准总分与该校分数线相同时，只录综合表现评价等级为 A 的考生。

2010 年，全市按此项标准录取的学校达到 35 所，有市重点中学，也有区重点中学，还有部分普通中学、民办中学等。由此可见，初三综评能够多渠道、积极多元地评价学生，达到了"改变以升学考试科目以分数简单相加作为唯一录取标准的做法，学生的综合素质成为高中招生的依据"的目的，这是课改带来的变化，也是当今世界评价学生的发展潮流。

3. 关于初三综合评价的操作

深圳市初三学生综合素质评价工作每学年进行一次，从 4 月份开始到 5 月底前结束。具体来说有以下几个步骤：

（1）组织建设。学校将评价实施细则、具体工作程序及机构成员名单等，进行公示并报区评价工作委员会备案（直属学校报市初中毕业与高中招生制度改革领导小组办公室备案）。学校评价工作委员会根据学科分布的需要和任课时间要求，提出班级评价小组成员名单。如果班级三分之一以上学生对被提名人提出异议，要作相应调整。

（2）宣传培训。学校就综合表现评价的意义、内容、标准、方法、过程、制度等内容，组织教师、学生和家长进行学习，做好宣传动员和培训工作。

（3）资料整理。班级评价小组对毕业班学生的三年学业成绩、个人特长、获奖情况及成长记录等资料进行汇总、整理，经核定确认后录入电脑。

（4）学生自评。每位学生对自己三年来的发展情况进行评价，描述性评语不超过 300 字。

（5）学生互评。每一位学生按本方案的"评价标准及说明"，在"维度"层次，对本班每一位同学（包括自己）进行等级评价。学生互评以上机操作的形式进行，在学生综合表现评价中所占权重为 50%。

（6）家长评价。学生家长对学生三年来的发展情况进行评价。

（7）教师评价。包括班级评价小组成员对学生的等级评价和班主任撰写的综合性评语。①班级评价小组的教师，认真查阅学生的有关资料，综合分析研究学生的日常表现、成长记录、五个学期的考试考查成绩、学生自评、家长评价和同学评价等相关信息，从学生的整体表现入手，依据本方案"评价标准及说明"，在"要素"层次，对全班每个学生客观、公正地作出等级评价。评价运用专门软件，实行上机评价，校内联网管理。评价小组每位参评教师对同一学生、同一项目的评价所占权重相同。如果小组成员之间存在分歧，则计算参评组员的评价等级的平均分值后形成等级。对于原则性的重大分歧，提交学校评价工作委员会审定。教师评价在学生综合表现评价中所占权重为 50%。②班主任综合各种信息，对学生三年发展情况作出整体描述性评语，突出学生的特点、特长和潜能，反映其进步和发展状况，力求客观准确。

（8）结果审核。学校评价工作委员会对评价的真实性和有效性进行审查并负责。对于被评价为 D 等级的学生进行认真复核。

（9）反馈与复议。学校及时将评价结果反馈给学生个人及其家长。学校评价工作委员会妥善处理复议事宜，在一周内反馈复议结果。

（10）监察与投诉。市、区、校三级对学校评价工作进行监察。学生、家长和教师对评价过程中的违纪违规行为，向学校监察小组举报和投诉，学校监察小组负责调查与处理，并在接到投诉后一周内作出答复。

在问卷"您是否亲自参与了对初中毕业生的综评？"一题中，"85%以上的师生家长都表示参与了综评工作"。因此，我们可以说整个评价工作得到了绝大多数师生家长的肯定。但也有"74%的人认为评价操作太复杂，太模糊，有待改进"。

4. 对初三综评工作提建议的调研

随着初三综评工作的深入开展，人们也逐渐发现这个评价方案存在诸多不足。通过问卷调查，我们把对初三综评工作的意见和反馈都收集起来并进行了整理归纳，未来拟在以下几方面发力、整改。

第一，继续加大对初三综评的宣传力度，让综合评价工作家喻户晓。人们普遍认为初三综评工作宣传的力度不够，每年只是对初三学生、教师、家长进行宣传，这样很多非毕业班的师生、家长就不了解。我认为，涉及对学生综合评价的改革，可通过媒体、报刊加大宣传力度，广泛宣传，让全社会都关注、了解，让人们参与、共同监督，促使评价工作更好更快地发展。

第二，适当提高综合评价结果在中考中的地位和作用。初三综合评价既然已经花那么大的精力去做，其结果应该更具准确性、公平性和科学性，但实际其应用效果却始终不痛不痒，让人感到劳民伤财，不值得重视。现有的评价方案，其评价结果的应用虽然规定了四条：①通知学生个人及其家长。②作为学生是否达到毕业标准的依据之一（C及以上等级为合格）。③作为高中阶段学校招生的重要依据之一。用于划定招生学校最低录取标准。④学业考试成绩同等的情况下，综合评价等级高者优先录取；作为保送生条件之一。但实际上真正有用的就是"学业考试成绩同等的情况下，综合评价等级高者优先录取"这条。而满足这种情况的学生其实只有不到10%，由此综评在中考中的地位可见一斑。如再不提高，将会越来越不被重视，最终就会被取消。

第三，初中生综合评价应贯穿三年六个学期。不管是教师还是学生均反映，此方案仅在学生升入初三年级后实施，不利于评价结果的正确性和客观性。因为往往到了初三，不管是学生还是教师，都忙于学习与教学，无暇评价。况且有些教师到了初三才接管一个班，这样对学生根本不了解，又如何评价呢？如果在初中三年每学期评一次，其结果应当会更准确客观。

（二）对深圳市初中生综合评价方案的思考和建议

综观《深圳市初中毕业生综合评价方案》在深圳市四年来的实施情况，对促进全市初中生的道德、学习、运动、文艺等方面的基本素养的形成和发展，起到了很大的保障和推动作用，从而基本改变了凭借一次性考试而录取的单纯价值取向，对全市初中乃至小学教育的全面化和多元化，对促进学生个性发展等方面都起到了一定的积极作用。

但在实施过程中，尚有一些不科学、不完善的地方，我以此方案具体的组织实施者和参与者的身份，提出如下思考与建议。

1. 适当提高综合评价在中考录取中的地位

第一，适当增加综合评价在中考录取中的比重。初三综评刚开始实施时，初三全体师生、家长都非常重视，但几年过去发现综评对于中考录取的影响并不大，大家就慢慢不太重视了，综评也就变成了一种"形式"。因此，改变综评在中考录取中的地位是提高综评工作的关键，将考生综合评价结果在中考录取中放在一个必然而不是或然的位置上，将现在"分数相同的情况下才看综合评价"改为"评价相同的情况下看分数"，这样才能真正体现初中综评工作的重要性。否则，把综评放在一个可有可无的陪衬地位，还要长期实施下去，可能就会淡化甚至夭折。

第二，对综合评价中的个别项目如"道德品质""艺术素养"，建议重点学校录取时，应加上"必须达到'A'级以上"等规定，这样可以使学生在平时就注意提升自己思想品德的修养和艺术素养。同时，也有利于初中学校更好地全面实施素质教育，开齐开足课程，也更有利于学生将来的全面发展。

2. 改进评价模式和方法

第一，将评价的项目量化，变"虚"为"实"。把当前的"A、B、C、D"四等细化为满分一百分对应的分数，分解其中可量化的因素，使之更趋于操作性，也更真实。

第二，将目前的初三年级毕业前一次评定改为初中阶段六次（每学期一次）评价，以避免初三年级班主任只接管初三年级而对学生前两年的综合表现知之甚少或一概不知的现象。目前的综评只限于初三，的确不太公平，因为到了初三，很多老师会考虑到学生的前途，基本上评价时要求较松，没有严格把握标准。如果在初中三年六学期，每学期期末进行一次（初三第二学期三月份进行第六次），这样的评价结果必然相对真实可靠，也是公平公正的。

第三，简化部分评价内容的操作程序，删除一些烦琐的规定，如描述性的语言可以少些，因为这些在中考录取中基本不起作用。减轻班主任的工作负担，以免出现马虎应付而"走过场"的现象。

3. 提高综合评价的公正性和公信力

第一，尽量延宕评价的触角，注重评价的多样性，而不是学生一两个非常态的表现；注重突出评价内容的稳定性，而不是只盯住学生一时一地的偶然行为。

第二，避免评价的主观随意性，不能以班主任、科任教师或学生个人好恶来对学生进行评价，尤其要防止学生间拉帮结派有意孤立或美化部分学生的倾向。

第三，客观、公正地评价不同学校、不同性格、不同特长与个性的学生，注重学生学业成绩之外综合素质的过程性发展，使得对学生的评价令广大教师、同学与家长信服，以提高公信力。

第四，增强评价过程的公开度和透明度，建议每学期综评结果公开，力戒暗箱操作，使教师、学生和家长对学生的评价有知情权和监督权。

二、良好的管理体系是获得成功的关键
——从广东东莞大益队获 2021 年 CBA 总决赛冠军所想到的

本人平常没有什么嗜好，就是坚持观看每年的 CBA 比赛，而且一看就是十几年。近几年由于疫情，基本上没有太多时间看比赛。CBA 球队中，我比较关注广东、辽宁、浙江的几支队伍。每次看比赛总有许多感悟，2021 年的 CBA 总决赛实在是太精彩，三场比赛都是悬念丛生，每一场都是拼得人仰马翻，不到最后一刻，根本不知道谁赢。说实话，我好久没有看到如此激烈的总决赛了，三场比赛，最后广东东莞大益队取得冠军

让绝大多数球迷都没有想到。

为什么有如此大的吸引力呢？先说整体，广东队当家球星易建联整个赛局养伤不能出战，常规赛最后几轮，超级外援马尚·布鲁克斯突然腿筋腱断裂不能出场，"球霸"刘权标肺部受伤。整个赛季，真正上场的球员是残阵。半决赛广东队被北京队逼入绝境，最后几秒钟靠威姆斯冲锋陷阵拿到2分，最后险胜北京队1分。又看着辽宁队"兵不血刃"赢了浙江队，我认为广东队肯定打不过辽宁队，甚至会有被碾压的可能。然而事实上，广东队凭着"十冠王"的底蕴，再次创造了奇迹，用残阵打败了强大的辽宁队。事后，很多人都觉得非常意外，辽宁队球迷甚至质疑裁判不公。可事实就是如此。我也分析了一下为什么辽宁队会输，我想有以下几个原因。

一是广东队有"十冠王"的文化底蕴。广东队是全国唯一体制外的民营企业创办的篮球俱乐部，从开办之初就建立了青训体系，从全国招收十几岁篮球天赋高的小学生开始培养。逐步建立3队、2队、1队的体系，源源不断地往各梯队输送篮球苗子，保证了1队的资源。同时，俱乐部有非常良好的企业文化"兄弟齐心，其利断金"，引导大家团结拼搏，齐心协力。广东队出色的青训体制，还有一丝不苟的严谨作风，让队员们在提升技战术的时候，还时刻保持充沛的体能！

二是有一支非常优秀的运营及管理团队。广东宏远集团是一个民营企业，作为一个民营企业，它下属的篮球俱乐部却有一套完整的运营及管理体系。二十多年来，他们一直和体制内的俱乐部竞争，且取得"十冠王"的美誉，十分不容易。他们的总经理朱芳雨原是俱乐部"三分王"，球队核心，退役后留在俱乐部当总经理，他有超前的选人视野及准确的用人才能。主教练杜峰也是广东队的退役核心球员，有非常高的篮球素养及智慧。

三是有团队作战的意识和不畏强敌的斗志。总决赛可以看出广东队打得更整体，思路更清晰，技战术执行力几乎拉满，更强调场上5人的密切配合及协调。最典型的是防守的联防战术，要求队员团队意识强，既要独防，又要协防，还有包夹。尤其是对持球人的包夹，让对方非常不适应。

辽宁队的当家球星郭艾伦就是备受这种"待遇"，运球突破技术登峰造极，被誉为"亚洲第一控卫"，一遇到广东队就失误连连，突破总是撞墙。这就是团队作战的威力。

此外，广东队不畏强敌的斗志更强。在第二场加时赛最后 50 秒落后 8 分时那种疯狂的逼抢，还有第三场全场高态势防守，我觉得没有顽强的斗志做支撑，仅仅靠执行力怕是坚持不来。换句话说，广东队"我要这样打才能赢"的信念更强！

2021 年的这场总决赛，给我们什么启示？一所学校，一个单位，一家俱乐部，其实都一样：要想建立自己的品牌，必须有成功的管理体系。我认为广东宏远篮球俱乐部能取得 11 冠，建立自己的宏远时代，在于平时的积累与科学的管理。同理，在办学上，第一，我们要学习他们建立运转良好的管理体系。一个好的管理体系的构建，需要团队集体的智慧。作为新办学校，我们马山头学校已经有了顶层设计，有了"三风一训"，也有了管理框架，有了自己的特色，学校章程，接下来需要大力培养中层管理人员、老中青梯队，需要培养自己得力的管理队伍。

第二，需要重塑学校文化。尽管马山头学校已经初步形成了具有特色的学校文化，但还远远不够。我们需要在学校里营造团结协作、积极向上、不甘人后、锐意进取、顽强拼搏、勇于创新的新校文化。这需要我们每一个人都要有"校荣我荣，校耻我耻"的当家作主精神，时时为学校着想，处处为学校做贡献。

第三，要打造一支业务能力精湛的教师队伍。马山头学校年轻人比较多，要倡导比学赶帮超的学习精神，鼓励青年教师不断学习，积极进取，苦练教学基本功。别人练 3 遍，我们练 30 遍。只有这样，才能让年轻人脱颖而出，承担繁重的教育教学任务。同时，在毕业班要营造一种勇争第一的氛围。毕业班教师既要有奉献精神，又要有对教学研究的"狼性"。不达目的，决不罢休。

第四，要营造温馨"家"的归属感。让员工有"家"的感觉，需要我们做好学校后勤服务工作，尽量减轻老师们的工作负担，让老师们愿意留在学校吃饭、锻炼、工作，让老师们把更多的精力放在工作中。

一场平常却又不平常的 CBA 总决赛已经降下帷幕，轰轰烈烈的议论也已经烟消云散。但是留给我们的思考却有许多许多，我们需要学习民营企业许多先进的管理经验和务实做法，不断提高马山头学校办学水平，提升马山头学校教育教学质量。

第二章 探索成就学生的创新途径

教书育人是教师最基本的职责。学生来到学校，希望获得老师的关注、爱护，希望老师们能够认真教育好他们，让他们增长知识，养成良好的行为习惯和学习习惯，形成高尚的品德，树立正确的世界观。特别是初中学生，都希望在学校通过老师的精心教导，考上理想的高一级学校。因此，成就学生，帮助学生及家长实现人生的奋斗目标是每一个教育人责无旁贷的职责。

第一节 鼓励学生积极创作

马山头学校创办以来，语文科组的老师们非常注重学生写作能力的培养，多次和我说，要出版校刊《骐骥》，并要我给首期校刊写序，于是我欣然应允，几经思索，写下了《做新时代最强的骐骥》刊首语。

做新时代最强的骐骥

同学们，筹备近一年的马山头学校刊物《骐骥》首期终于发行了。这是马山头学校发展史上的一件大事，标志着马山头学校的校园文化的进一步发扬和完善。

《骐骥》刊物，主要是同学们学习写作，交流情感的平台。著名作家福楼拜说过"文学就像炉中的火，我们向他人借火，点燃自己，然后传递给别人，以便我们与所有人共享"，文学是人类交流情感、分享经验、探寻生命价值的重要载体。对青少年学生来说，通过提升文学素养来塑造高尚的人格和崇高的理想，尤为重要。

那作为青少年，我们应如何提升自己的文学素养呢？

首先要积极学习传统文学经典作品。孔子讲"不学诗，无以言"，当今时代，值得阅读的传统文化经典就更多了，五千年的悠久历史，沉淀下了无数的经典著作，腹有诗书气自华，高品位的阅读有助于塑造优秀的气质。

其次要兼收并蓄，融会贯通。积极吸收域外优秀文化，升华自己，是中华文明延续五千年的重要原因。汉、唐等中国历史的辉煌时期，都是勇于面对国外文明，取长补短的，中国历史的低潮时期大多闭关锁国。你们生活在改革开放最前沿的深圳，必须要有睁眼看世界的自觉，国外的经典思想、著作、艺术作品都要积极学习，充分吸收。

最后要大胆尝试，积极创作。创作是创造完全属于自己的作品，这个过程中你会锤炼自己的文字，升华自己的思想，让自己学到的知识内化为本能。我们创办《骐骥》刊物，一方面是让大家有机会发表自己的作品，另一方面也是鼓励大家在应试作文之外，充分释放自己的个性，写下最有感触的文字。

同学们，文学在提升我们人文素养的同时，还在丰富我们的生命内涵，助我们以更从容的心态应对激烈的社会竞争，将来成为更优秀的人才。

在当下，学校品牌越来越重要，母校某种程度就代表你的身份，一所新学校，将来口碑如何，取决于学生将来的成就。学校正创设尽可能好的条件让你们夯实基础，全面发展，希望未来在你们当中涌现出众多各行各业的优秀人才。"骐骥"原意是快疾如风的骏马，代表着学校对你们的期待——《世说新语》中，顾荣评价顾和"此吾家骐骥也，必兴吾宗！"你们就是马山头学校的"骐骥"！

你们正处在记忆力最好，创造力最强，发展最快的年龄，每个人都有机会创造属于自己的奇迹。珍惜光阴，做好自己，对自己尽责，就是对学校尽责，就是对国家、民族尽责。衷心祝《骐骥》杂志越办越好，希望同学们做新时代最强的"骐骥"!

第二节 实施"五学自助式"，有效提高教学质量

作为学校管理者，深入课堂听课已成常态。我每年听课均不少于 60 节，有中学的，也有小学的；有本学科的，也有非本学科的。特别是近几年，听课会出现疲乏、倦怠，每每听课回来，总有一种莫名的失落感。课改进行了二十多年，但是仍然有不少老师只改形式，没有改到本质。课堂上，学生热热闹闹，老师不问不管，美其名曰"发挥学生的主体性"，其实根本是低效、无效的课堂。那么真正有效的课堂是怎样的呢？我认为真正有效的课堂教学，应充分发挥学生的主体作用，激发学生兴趣，调动学生积极性，引发学生的思考，鼓励学生的创造性思维；培养学生良好的学习习惯，使学生掌握恰当的学习方法，培养创新意识和实践能力，发展其个性品质与创新精神，促进学生个性发展。以下以我和团队创建的"五学自助式"教学模式为例，说明我们对教学模式的探索。并且，我将这种教学模式用在了数学学科教学实践中，取得了一定的效果。

一、什么是"五学自助式"有效教学模式

"五学自助式"教学模式是基于建构主义，为落实课程改革的要求，充分体现学生是学习的主体，教师是学习的引导者、组织者、合作者，具有易于接受、便于操作等优点的一种灵活、实用、科学、有效的教学模式。

"五学"指的是预学、共学、展学、评学、延学。学生作为教学活动的主体，积极地参与到教学过程的各个环节，教师主要起着研、导、点、评、拓的作用。

二、"五学自助式"有效教学模式的结构

"五学自助式"有效教学模式，在课堂教学中遵循"多起点、多组合、多活动"的原则，突出"以学生为主、以教师为辅"的教学理念，采用"双环制"并进的方式实现有效教学。"双环"指的是"学生学习环"和"教师辅助环"。

"多起点"是指教学活动可以以"五学"中的任何一个模块作为开始。学生可以选择"预学"开始本节课的学习，也可以从"延学"开始。所谓"多组合"即在整个教学活动中，教师可以根据学生的学习情况以及教学内容来灵活选择适合的模块进行整合，进而构建一个合理的教学环节。如：预学—共学—评学—延学；预学—展学—延学—预学—共学—评学等。而"多活动"是指在整个教学过程中的"五学"还包含着多种学习活动，如展学包含组内展示、组间展示和班内展示；评学包含自评和互评等。

"学生学习环"包括预学、共学、展学、评学、延学五个学习活动模块。学生既是所有教学活动的中心和出发点，也是所有教学活动的归宿。学生的学习活动可以是"五学"中的所有模块形成的一个大的学习循环圈，也可以是其中的几个模块随机整合的一个小的学习循环圈。

"教师辅助环"包括研、导、点、评、拓五个辅助环节。建构主义虽然非常重视个体的自我发展，但也不否认教师的引导作用。"五学自助式"有效教学模式坚持教师"研—导—点—评—拓"的教学行为始终贯穿学生学习行为始终，辅助学生参与数学学习活动，形成有效的学习。

三、"五学自助式"教学模式具体实施环节

课堂有效教学的核心表现是学生获得有效学习。"五学自助式"教学模式的核心是"五学"，即"预学、共学、展学、评学、延学"，它们相互联系，又有各自的内涵与价值，课堂教学中可根据需要选择不同的组合，

提升学生的能力。

环节一：教师研学，学生预学

有效预习可以提高课堂教学有效性，可以提升学生自主学习与独立思考能力。教师的深度研学可以促进学生的有效预学，"教师研学，学生预学"的内涵是教师研究课标、教材、学情后形成学案，学生再根据教材、学案及其他资源进行预习，学生在这个过程中对知识有初步认识，自主学习能力、独立思考能力得到锻炼。

环节二：教师导学，学生共学

合作学习能提升学生的学习积极性，发挥学生的主体作用，提升课堂的教学效果。在共学环节，教师要充分发挥引导作用，为学生营造积极和谐的共学情境，提升学生的协作性与主体性；教师通过有效提问，让学生带着问题去探索、明确目标，深入理解学习内容，确保合作学习的有效性。

环节三：教师点学，学生展学

展学是提升学生自学与共学质量的重要途径，是培养学生自信的有效方式。在教学中，学生通过语言、文字、表演等形式，展示自学、共学成果，进而开拓思维、激发潜能，提升自信心，达到分享共赢的效果。在此环节教师要做到"即时""适度"地点拨，有效有序地进行生成性教学。

环节四：教师评学，学生评学

评学环节是整个教学过程中非常重要的一个环节，此环节的内涵是采用多元化、多维度评价方式，既注重关注过程的形成性评价又注重关注结果的终结性评价，学生在该过程中学会反思质疑、欣赏他人，教师注重激励学生、总结反思，师生相互促进达到教学相长。

环节五：教师拓学，学生延学

学生延学能使学生巩固课堂上所学的知识，加深对所学知识的理解并将知识转化为技能、技巧，培养学生分析问题和解决问题的能力。教师根据学生的学习情况等开展拓展性教学、有针对性地设计作业，帮助学生将知识与实践活动相联系，提升学科素养、创新研究与资源整合能力。

学科有效作业设计要遵循学生学习的心理规律，强调从学生已有的基础和生活经验出发，遵循典型性、层次性、易错性、综合性、探究性原则。

四、"五学自助式"教学模式的成效

（一）构建了提高课堂教学有效性的教学模式，形成了有效课堂教学法

我们将"五学自助式"教学模式应用于数学教学，探索出"五学自助式"数学有效教学模式，构建了学生能力培养模式，形成了有效课堂教学的基本操作模式，真正实现了突出学生主体地位的高效课堂。

（二）以学生为中心，促进了学生的进步和发展

课堂上，学生学习数学的兴趣有了明显提高，他们更勤于思考，主动寻求解决问题的方法，在对问题的探究中从自主探索过渡到小组合作最后到全班交流，学生在数学学习过程中充分感受到运用知识解决问题的乐趣，感受到知识的交互联系，培养了良好的思维品质。同时，学生的学习成绩也有了显著提高。

（三）实现了教师角色的转变，推动了教师专业化发展

实施"五学自助式"教学模式以来，教师教学观念有了很大提升，课堂上坚持以人为本的思想，把教师角色定位于"组织者、引导者、合作者"，充分发挥学生主体作用，让学生在教学中积极参与，获得成功，实现自我，真正做到"教学相长"。不少教师在这一过程中教学质量突飞猛进，被评为"市、区优秀教师"或获得市、区"名师"称号。

（四）取得了丰硕的教学成果，促进了学校发展

实施"五学自助式"课堂教学模式以来，参与教师不断反思自己的教学行为，积极撰写论文，如《有效教学实践探索》《有效数学课堂教学的实践研究》等。教师撰写专业论文100多篇，其中15篇发表在国家、省、

市级刊物上。在各级教研成果评比中也多次获奖，其中国家级二等奖 1 篇、省级二等奖 2 篇、市级一等奖 2 篇、区级一等奖 3 篇、区级二等奖 3 篇、区级三等奖 2 篇。教师快速的专业化成长及一系列研究成果扩大了学校的品牌与影响力，促进了学校教育教学质量水平的不断攀升。

第三节　教师实施有效策略，激发学生自主参与

尽管新一轮基础教育课程改革已经进行了 20 多年，但是我们不少教师还是改变不了"满堂灌"的教学模式，造成根深蒂固的教学印记。也有一些教师为了突出变革，课堂上出现满堂问、满堂讨论，看上去气氛活跃，但实际上，学生只是看热闹的观众，基本上没有参与到课堂教学中。那么如何提高课堂教学的有效性呢？为此，我进行了多方面调研，查阅各种资料，开展问卷调查，进行课题研究，总结出一些提高学生参与课堂的方法思路，供读者参考。

课堂教学的有效性是指在课堂教学实施中，采取的教学行为、策略能确保顺利完成教育教学任务，达成教学目标，并能使学生产生积极的情绪体验。实施课改以来，教师们在课堂上千方百计激发学生自觉参与到新课的学习中，结果却往往不尽如人意。学生被动地参与，有名无实，其关键还是方法、策略不得当。

"自主参与"是指学生在教师的激励、引导下，发挥自主性和能动性，自发参与课堂教学的全过程。这种参与，强化了学生是学习的主体，是学习的真正主人，而教师是主导的地位；要求教师在课堂上弘扬主体精神，开发主体潜能，让学生体验自我价值。

我的工作室（深圳市薛森强名师工作室）自 2011 年成立以来，以"提高中学数学课堂教学有效性的实践研究"为课题，组织课题组 20 多位教师致力于对学生"自主参与"的有效策略研究。通过两年多的研究，发现了学生不自觉参与的成因，掌握了一些激发学生积极参与的策略。此处，以数学学科教学为例，作一些分享。

一、激励和引导是学生有效参与的根本

重视学习动机在教学过程中的激励作用，通过激发学生的参与热情，逐步强化学生的参与意识。

任何活动的参与，都与参与成员对活动的认识密切相关。从教育心理学的角度来说，教师应操纵或控制教学过程中影响学生学习的各有关变量。在许许多多的变量中，学习动机是有效学习与教学中起着关键作用的一个因素，它是有效学习的催化剂，具有情感性。以数学学科为例，对数学学习价值的认可，对数学的喜好，成功的数学学习经历体验，适度的数学学习焦虑，成就感、自信心与意志，等等，都是良好的情感激励。只有具备良好的学习动机，学生才能对学习积极准备，集中精力，认真思考，主动地探索未知领域。因此，激发学生情感是调动学生自主参与的基础，这就要求在数学教学中做到以下几点：

（1）提高学生对数学学科的认识。如作为数学教师，必须引导学生充分认识数学学习的重要性和必要性，它不仅仅是当今世界不可缺少的重要基础学科，更"是打开整个世界的钥匙"。要让学生充分认识到数学不仅仅使我们学会数学知识，更重要的是培养数学思维和品质。只有学好了数学，才能有效激活思维，掌握各个知识领域必备的基本功，才能适应日新月异的社会发展。

（2）保护学生数学学习的情感，调控其参与度。学生因自身基础、方法等原因，在参与数学学习的过程中，难免会遇到困难甚至挫折，教师必须注意适时加以调控。如课堂练习题目的层次、提问的难度都要因人而异，要让基础层次不同的学生获得不同程度的参与。在教学中，我们经常看到许多学生积极思考问题，争取发言，当他们的某个思路或计算方法被老师肯定后，从学生的眼神和表情就可以看出，他们得到了极大的满足。在学习中遇到困难时他们会反复钻研、探讨。教师要善于用放大镜捕捉学生的闪光点，进行表扬和鼓励，才能使学生受到鼓舞，得到力量，勇于前进。

（3）建立民主、和谐的新型师生关系。学生只有在不感到压力的情况下，在喜爱任课老师的前提下，才会乐于学习。教师要与学生多沟通，跟他们交朋友，真正成为学生的伴随者、合作者。

二、积极创设数学情境，能更好地激发学生自主探究的欲望

在学生的数学学习中，创设学习情境是教师激发学生自主探究的基础。现代教育理论倡导学生学习自主性的培养，在教学活动中，教师是教学活动的引导者，学生是学习活动的主体。教师只有根据学生的年龄特点、心理特征与认知水平，创设符合和适应学生学习的情境，才能调动学生的学习主动性，使学生在积极参与，自主探究中获取知识，自觉地进行技能训练。数学本身是一门枯燥、抽象的学科，如果按照传统的教学方式，新课的传授就更加无趣、乏味。因此，在数学教学中，教师要善于创设具体生动的数学情境，打开学生思维的"闸门"，使学生进入"心求通而未达，口欲言而未能"的境界，激发他们主动探索知识的热情和兴趣，形成强大的自主探索的动力。

例如，在讲授"全等三角形的判定'角边角'"时，有些老师是这样

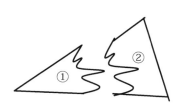

打碎的三角形模具图

创设情境的：小明不慎将一块三角形模具打碎为两块（如左图所示），如果他只能带一块模具到商店去配一块与原来一样的三角形模具，该怎么办？带哪块去呢？为什么？这样，不知不觉就把学生引导到如何判定两个三角形全等上来。

三、主动提供参与平台，给学生自主参与创造条件

很多时候，学生也有自主参与的意识与情绪，可教师的"满堂灌"，让学生即使想参与却没有时机。所以在教学过程中，教师应根据教学内容和学生实际，减少讲授时间，想方设法创造条件，为学生提供自主参与的

机会。学生能讲的，尽量让学生讲，学生能做的，尽量让学生做。让学生有更多动脑思考、动手操作、讨论交流、解决问题的时间和空间。

（1）注重学生的自学，做到"先学后教"。

自学能力是一个人终身学习的能力，培养自学能力是我们教师义不容辞的职责。不管是洋思中学还是杜郎口中学，不管是教育大师魏书生还是其他大师，他们都特别注重学生自学能力的培养，在他们的教学模式中几乎都有"自学"这一环节。课堂上让学生自主学习恰好是让学生有效参与的好途径。因此，作为数学老师，更应该培养学生的自学能力，让学生在课堂上拥有更多的自主学习时间。之后，教师再加以精讲，往往更能达到事半功倍的效果。例如，初中数学中的"统计概率"部分，更适合让学生自学。

（2）重视数学活动在教学过程中的启智功能，通过观察、思考、讨论、练习、提问、板演等形式诱导学生参与知识形成发展的全过程，尽可能增加学生参与的机会。

"动"是孩子们的天性，教学过程中，我们要抓住这一特点引导学生主动实践，使其在实践中理解新知的来源与发展，体验到参与之乐、思维之趣和成功之愉。在课堂教学中，教师可根据教学内容自设数学实验，引导学生参与实验，获取数学知识。如在讲"直角三角形斜边上的中线等于斜边的一半"定理时，我就让学生先自己任画一个直角三角形，并让他们画出斜边上的中线，然后用圆规或直尺测量中线长和斜边长，看看能发现什么。学生很容易就得出了"斜边上的中线等于斜边的一半"这个结论。这样让学生自己动手参与，可以将知识记得更牢固。

（3）组织课堂讨论，通过讨论让学生参与数学学习交流。

课堂讨论是学生思维碰撞、交流的最佳形式。在课堂上学生怕讲错，都不愿意举手发言。但若将学生分成若干组，让学生小组讨论，他们就会畅所欲言。因此在课堂教学中适时恰当地把握时机，选择有讨论价值的内容，组织学生讨论，给学生提供自主探索的机会十分重要。如在教学"用尺规作图"时，在认识了圆规后，鼓励学生对圆规这样的新物品提出自己的疑惑，学生提出了"圆规只能画圆，怎样来作图？""圆规怎样量长度？"

"圆规怎样画一个相同的角？"等一系列有价值的问题，这些问题正是新课所要解决的知识点。随后，教师和学生围绕这一系列问题开展学习讨论，从而完成了新课的教学。这样，学生通过交流讨论等方式获得的知识，理解更深刻。

四、开展多样的综合实践活动，让学生在学习活动中参与、体验，更好地获取学习经验

活动是青少年的天性，可以开展形式多样的综合实践活动，让他们在活动中参与、体验数学，用所学的数学知识解决现实问题，不断获取直接的数学学习经验。因此综合实践活动越来越受到各国教育界的重视。《国家中长期教育改革和发展规划纲要（2010—2020 年）》明确提出"优化知识结构，丰富社会实践，强化能力培养。着力提高学生的学习能力、实践能力、创新能力，教育学生学会知识技能，学会动手动脑，学会生存生活，学会做人做事，促进学生主动适应社会，开创美好未来"，强调要培养学生运用知识解决问题的能力，综合实践的能力。传统的教学不太注重把数学与学生熟知的现实生活联系起来，学生接触的是停留在一张张白纸上的数学；而数的计算、几何图形、统计等知识都是按照各自的知识体系，呈直线式的结构发展，学生们感受不到它们之间的相互联系。形象地说，学生眼中的数学知识就像是一条条相互平行的直线，它们没有交点，无法形成完整的牢固的知识结构体系。正因为这样，造成了许多学生"强于基础、弱于应用，强于答卷、弱于动手，强于考试、弱于创造"的局面。数学课程标准认为，这些与课程结构有关的问题，应当通过调整课程结构解决。所以《义务教育数学课程标准（2022 年版）》中把数学课程内容分为"数与代数""图形与几何""统计与概率""实践与综合"四个领域。其中第四块知识对于数学教师来说是一种全新的提法，是数学教学的一个全新视角，也是对数学教学的一大挑战。所以积极开展相关实践与研究对于数学新课程实践的顺利进行具有非常重大的意义。

在现行的中学数学教学中，不少知识也可以通过综合实践活动去解

决。如建筑物测量、七巧板制作、利用实物探索数学和图形意义活动、调查活动、应用活动、综合知识活动，等等。如在讲解直角三角形一节后，可以组织学生带上测角器、皮尺测量学校的建筑物、树木、旗杆的高度等，通过这些实践性活动，进一步提高学生对三角函数知识的应用能力。又如调查银行按揭贷款的多种计算方法，判断哪一种较省钱等。引导学生在动手操作的实践中学习数学知识，掌握科学的思维方法，培养对科学的积极态度。

五、改变课堂评价模式，注重引导学生参与教学评价，合作学习

课堂教学是师生互动的多边活动。即时评价，作为师生交流的一种有效方式贯穿于课堂教学活动的始终。准确、及时的评价对教学活动起着重要的导向和激励作用，使教学过程更趋完善，从而有效地促进学生发展。《义务教育数学课程标准（2022年版）》指出：评价应"关注每一名学生的学习过程"，"关注学生的进步"，通过评价，"增强学生学习的自信心，提高学生学习的兴趣"。人应该是在不断的激励和鞭策下不断获得内驱力而不断发展的。学生所获得的最经常的评价是来自课堂上老师的赏识和同学的鼓励，所以课堂上师生之间和生生之间要进行即时评价，对每一个同学的出色表现都给一声喝彩，对每一次个性的表露要给予赞扬。这样，在一次次的激励中，学生会获得不竭的发展动力，品尝成功的喜悦，增强学习信心，发现自己的不足，明确努力的方向，发展潜能、个性、创造性，形成持续发展的能力。课堂评价对学生的学习具有导向性。传统的课堂教学以教师评价为主。教师是评价的主体，学生则是客体。评价是静态的、功利性的、终结性的。在这种评价方式下，学生数学学得怎样都是教师说了算，而教师往往是靠作业做得对与否、试卷分数高与低来衡量的。对学生对数学的学习情感、学习兴趣、学习意志力等无法考评。这种评价单一不科学，且学生也无法参与，只是被动地接受教师的"判决"。因此，改变课堂教学的评价模式，提高评价的有效性，就必须让课堂的主人、学习的主体——学生，主动参与到评价中来，实现数学学习评价目标的多元化

和评价方法的多样化。

（1）评价目标的多元化。对学生的评价不要只看重分数，这对学生是不客观不公正的。学生不是生产线上的一个个标准模块，由我们制定一个统一的标准来看谁合格谁不合格。学生是有生命、有思想、不断发展的个体。我们常说"要用发展的眼光看问题"，所以，我认为，从评价的内容来看，不要只注重用分数来衡量结果，而更要重视学生发展的过程。这个过程包括了学生的学习目标、学习态度、课堂表现、作业质量、行为习惯、课时修习等。换言之，对于学生的评价，我们更应看重其对学习过程的评价，而非对学习结果的评价。当一个学生在学习目标、学习态度、课堂表现、作业质量、行为习惯、课时修习等方面都有了长足的进步时，他的学习结果自然也就"水到渠成"了。学习不仅要关注学生知识与技能的掌握，以及学生在数学学习活动过程中表现出来的发现问题、解决问题的能力，更要关注学生对数学学习的情感态度与价值观等。实施评价时，应让学生对所学知识进行自我评价，总结自己通过学习有哪些收获、学到了哪些知识，还有哪些理解不清的地方。如在综合实践活动"测量校园建筑物的高度"结束后，可以让学生自我小结：①没测之前，你认为可不可以测量？②在实施测量过程中，你遇到了哪些困难，你通过什么办法解决的？③通过本次综合实践活动，你认为枯燥的数学知识与现实生活有没有联系？这样的评价，有利于调动学生参与数学学习的全过程，并且自主参与到数学学习的情感与态度的评价中来。

（2）评价形式的多样化。考试，对于每一个学生来说，都是再熟悉不过的了。它似乎成了我们平时考查学生、评价学生的唯一方法。我们都知道，以目前的实际情况，考试制度是不可避免的一种评价方式，作为教师，我们无法改变这种现状，但可以换个角度来进行评价——透过分数看过程。除了考试之外，我认为，评价学生的方式有很多种。单一的评价方式，很难准确地对学生进行全面客观的评价。国外学校，很多采用书面考试、口试、作业分析、课堂观察、课后访谈、综合实践、建立自我成长记录袋、分析小论文和活动报告等形式，将自我评价、学生互评、家长评价、教师评价相结合，让学生充分参与各种形式的评价活动。学生通过参与多元评价活动，既学习了他人学习数学的成功经验，也发现了自我学习数学的不足，从而可以更好地提高学习数学的兴趣，提升数学学习的效果。

　　总之，在课堂上，让学生自主参与、自主学习，做课堂上的主人是现代教学的必然趋势，也是课改的最终目的。

第三章　为教师成长搭建平台

自 2011 年我被深圳市教育局批准成为第一批深圳市名师工作室主持人，至今已培养了三批，共 82 名教师，每期培养周期为三年。三年间大家互相学习，共同进步。从第一批到第三批，在青年教师讲课比赛中，我们团队中产生了全国一等奖，广东省特等奖、一等奖，深圳市一等奖，区一等奖等数十人。他们中走出了数名特级教师，省"百千万人才培养工程"培养对象，市级、区级名教师、骨干教师等。还有不少人不断自我完善，教育教学管理能力得到提升，有一些甚至提拔为副校长、中层干部，走上了管理岗位。我想，做教师，不仅仅要教好学生，更要提升自我，达到教学相长的目的，这也是我提出"教育就是成就，成就学生，成就教师"的初衷吧。

第一节　以优质名师工作室引领教科研创新

为了更好地促进深圳市教师专业发展，加强深圳市中小学教师队伍特别是中青年骨干教师的队伍建设，创新培养培训体制，提高教师培养培训的质量和效益，造就一批教学名师和学科领军人才，提高教育核心竞争力，深圳市决定于 2011 年开始在中小学实施"名师工作室"制度。以名师影响和带动中小学教师加强业务素养，提升业务能力。

2011年9月，由我领衔的深圳市名师工作室正式成立。经过自愿申报、严格选拔和市局审核，市教育局批准确认工作室第一期成员10人，学员16人，加上主持人1人，共27人。为了更好地开展工作，工作室还设置助理一名，同时还聘请教研顾问、科研顾问和学术顾问，组建成一支强大的导师团队。

三年来，工作室按照市、区教育局等上级教育行政部门的统一部署和要求，着眼于建设名师成长基地、学术研讨基地、教师文化涵养基地，致力于以学科名师、学科骨干教师为龙头的优质教师团队的打造和教育教学实践课题难题的探索和破解，务实开展各项工作，为提高深圳教育核心竞争力发挥了一个市级名师工作室应有的作用。

一、目标引领，规章保障

我们制定了"深圳市薛森强名师工作室三年总体工作目标"，确定了工作室的阶段性目标和工作计划；制定了"深圳市薛森强名师工作室学员培养或成长计划"，并指导各工作室成员、学员制订适合个人发展的三年规划和详细的学习及提升计划，指导不同教师确立各自的三年成长目标；制定了"深圳市薛森强名师工作室人员职责"，对主持人、成员、学员分别规定了工作职责和任务分工，每年由工作室从思想品德、理论提高、管理能力、教育教学能力、研究能力、技能水平等方面对相关人员进行考核；制定了"深圳市薛森强名师工作室规章制度"，以规范所属成员、学员的行为，确保各项工作有效展开。

二、培育文化，打造团队

三年一周期的学习研讨，我们注重加强团队文化建设，以此提升团队成员的凝聚力、认同感和归属感。同时通过制度管理与情感管理相结合，更好地体现工作室的人文关怀，让工作室成为老师们愿来、肯来的学习基地。

工作室对成员学员实行动态管理，要求大家自觉遵守名师工作室的工作规章制度，积极参加工作室组织的各项研修活动，努力完成各项研修任务。每次活动均有考勤、有活动记录，对个别不遵守工作室研习活动纪律、缺席较多的成员学员，向其所在单位反映并与其沟通，督促其按时参加活动。对无故缺席多次工作室活动者作自动退出处理。同时我们每年从思想品德、理论素养、管理能力、教研能力、技能水平等方面对成员进行考核，表扬在教育教学研究等各项活动中积极参与并卓有成效的个人。

关心成员学员生活，加强成员学员间的沟通与协作，提升凝聚力。我们建立了名师工作室网站（每月推出新闻报道），开通了QQ群，定期发表工作简报（每学年一期），记录团队开展的一系列学习、研讨活动以及取得的成果，及时传递工作室成员之间的学习成果，建立教育教学资源库，实现资源共享、经验共享。此外，我们还尽可能地创造条件组织成员学员参加各项活动，以调节身心，增进了解。如2013年7月组织工作室人员到广西阳朔考察及拓展学习……同时，作为一个团队，我们对成员、学员生活中遇到的困难和问题，也尽可能给予关心和帮助。

为了进一步培育自己独特的工作室文化，我们计划推出工作室的标识LOGO，让大家更好地思考我们工作室应该如何定位，我们的工作理念是什么。经过大家热情的讨论，定下了工作室的标识——（ⅿ逽）。整个标识由"名师""数学"和"薛森强"文字的首字母"m、s、x、q"组成，又巧妙地融为一体，充分地凸显了其本质。其中数学符号"x"象征着未知和无限的可能；"m"又形成两本书，代表着知识。主色调以橙色为主，代表活力向上、喜悦与丰收。整个图形又如同人的大脑形状，寓意名师们通过聪明的大脑，构建了一套套科学有序的方法，突破困惑，创造无限可能。有了我们自己的标识，大家对工作室有了更加强烈的认同感和使命感。

三、研学结合，提升质量

三年来，名师工作室引领全体成员、学员，以构建有效教学为抓手，立足校本教研，探索教育教学新路，极大地促进了工作室成员、学员所在学校数学教学质量的提升。具体做法如下。

第一，深化常规教研，不断提升教师课堂教学水平。工作室主持人、成员带头上示范课，要求工作室所有人员每学期必须上一节公开课，大家相互学习，共同进步。定期召开研讨活动（每三周至少组织一次教学研讨活动），对教育教学中存在的问题进行探讨，达成共识。从2012年起，共组织跨区域性、有影响力的研讨会11次，成员、学员相互听课各30多次（其中主持人听课35次）。研讨活动为工作室成员搭建了与市内外、校内外老师沟通的平台，促进了名师工作室成员的相互交流和成长。

第二，邀请名师名家开设讲座，不断提升教师理论素养。三年多来，工作室先后邀请西北师范大学数学学院院长吕世虎，广东省数学教育委员会郭鸿、吴占华，广东省教研院徐勇，全国著名NLP总培训师李正太，深圳市教科院石永生、魏显峰，深圳中学数学名师郭慧清，深圳市外国语学校数学名师唐锐光，宝安区中学数学教研员江少佳，暨南大学数学系教授黄永东，广州市教科所专家周善恒等一批数学界、学术界翘楚来做专题报告，提高了研讨会的质量水平，调动了工作室成员的听课热情，开拓了广大成员参与研讨的思路。

第三，主动与区外名师工作室交流合作。为了进一步提高工作室成员、学员的课堂教学水平，2013年5月22日工作室与福田区张彩霞名师工作室联合在福田区北环中学举行了一次教研活动。

实践证明，借助于工作室提供的平台，通过教学实践规律的不断探索，有效课堂教学研讨的深入开展，专家的引领和榜样的示范，我们实实在在地感受到了工作室成员、学员在专业水平上的不断提升和教育教学效果的实质改观。名师工作室的广大学员纷纷表示，教学研讨的成果直接运用到教学实践之中，对激发学生的学习兴趣、端正学生的学习态度等各个方面都起到了积极的作用，极大地促进了工作室成员、学员所在学校数学教学质量的提升。

四、实现共赢，名师渐显

按照深圳市教育局的要求，名师工作室要致力于建设成为名师成长的基地、培育教师的摇篮。三年来，工作室从教育教学理念转变、理论提升、学科素养培养、业务能力增强等多方面入手，带出了一支过硬的名师骨干队伍。

第一，工作室结合成员的自我发展计划，为每位教师量身定制了发展培育的三年规划，同时还编写了《教师专业发展手册》，为教师的成长提供专业参考，并详细记录教师的成长轨迹，通过对比给教师提供发展提升的方向。

第二，实施室内导师制，打造共同进步团队。工作室通过为每名学员配备一名或多名导师，采用结对传带、单独辅导、听课评教评学等方法指导学员，不断提升学员的业务水平。

第三，工作室购买书籍及网上阅读卡等，免费发放给教师，鼓励成员和学员在线学习，要求成员和学员每周至少两晚在"91阅读网"平台上自主学习，每个月撰写读书笔记1篇以上。

三年来，经过科学规划和精心培养，工作室的老师们教育教学水平快速提高。工作室成员、学员荣誉不断，频频获奖。其中个人荣誉省级以上5项、市级13项、区级21项、校级17项，论文发表省级以上31篇、市区级9篇，个人参赛获奖区级9人次、市级8人次、省级以上3人次。公开课及视频展示市级以上8次。特别是林艳、韩苗两位学员，在国家、省市区中学青年数学教师优秀课说课评比活动中脱颖而出，林艳获得初中组深圳市特等奖、广东省特等奖、国家级一等奖；韩苗获得高中组深圳市一等奖、广东省二等奖；易青等老师参加深圳市中学数学命题大赛获市区特等奖，等等。

同时，三年的培训活动，成员、学员的课堂教学能力，教育管理水平都有了较大提高，老师们的综合能力也不断增强，有些教师获评省市区名师或被学校提拔重用。其中深圳市高层次人才（光明新区杰出人才）2名，区级创新型人才 1 名，深圳市名师 1 名，深圳市中青年骨干教师 3 人，深圳市师德标兵 1 名。特别是在光明新区首批名师评选中，全区中学数学名师共评出 7 名学科带头人或骨干教师，我工作室就占 5 人。另外，还有 3 名教师获得校级"名师"称号。

五、注重科研，优化课堂

名师工作室按照市教育局要求，积极开展课题研究，将教学问题与科研课题结合起来，形成"问题即课题"的研究意识。同时积极参与上级教研部门委托的课题研究任务。

（1）2011 年 11 月申报课题"提高中学数学课堂教学有效性的实践研究"，组织近 30 人的研究团队，分 4 个子课题攻关小组，用 3 年时间开展探索与实践，形成了一大批有价值的理论和实践成果。工作室成功编写了《有效数学课堂教学的实践研究》专辑。这个专辑从"研究篇"到"实践篇"共收集了 11 篇研究报告，24 篇论文，22 篇优秀课例。这一项目的结题也充分展示了老师们的科研热情和教科研水准。该项目于 2014 年 10 月 14 日顺利结题，课题结题鉴定专家、评委对课题研究给予了高度评价，并由深圳市教科院课题规划部颁发了结题证书。

（2）工作室成员、学员顺利完成了各自承担的多项光明新区教育系统重点课题、规划课题。如成员刘桂敏、宋晓艳等老师负责的光明新区立项重点课题"高中数学课后作业的有效性探索"在光明新区小课题评比中获多项优秀成果奖。

（3）完成深圳市教科院委托的"中美中学数学教学大纲对比分析"专题研究报告。通过研究，我们更清楚中美两国在中学数学教学上的异同，为今后开展国际化数学教育奠定了基础。

（4）在新技术辅助教学实践方面作了大胆探索，并取得阶段成果。我们在省市教研部门的指导下，在光明新区公共事业局的帮助下，投资 30 多万元建立了光明新区首个数学实验室。我们组织工作室及全校教师认真学习新技术，成功举办了"深圳—中山两地手持 IT 图形计算器辅助教学公开课"。之后又多次举行利用 IT 图形计算器辅助教学的市区级公开课活动，并获得成功。

六、发挥辐射，扩大影响

2011 年 9 月成立以来，工作室注重成果的推广，立足本区域，辐射区内外，影响力不断扩大。

（1）工作室每次举行教研活动或讲座报告会都主动和市区教研部门联系，邀请非工作室数学教师参加，真正做到资源共享。几年来，我们举办的面向市内外开放性专题讲座和报告会共计 8 场，公开课 11 节，这些活动都得到了参会教师的高度评价。

（2）工作室还借助网站、QQ 群、微信群等多种媒介和平台，通过在线研讨、线下交流等多种方式和途径，为包括广大青年研修教师、家长和学生在内的各界提供教育智力支持，受到好评。

（3）名师工作室还积极承担跨市支教帮扶工作，实现了工作室成员的带动辐射作用，拓展了名师工作室的影响力。三年来，名师工作室教师先后到河源市源城区埔前镇第一中学、广州从化市第四中学、粤北山区的韶关市仁化中学等地进行送培支教交流活动。我作为主持人，先后到龙岗柑李学校、龙岗平安里学校、宝安区石岩公学、龙华新区等举办讲座 3 场，听课教师共计 1000 多人。

七、启示

名师工作室是常规教科研工作的延伸、强化和补充。按照名师标准对教师进行有步骤的培养，可以在短时期内让青年教师脱颖而出，让中年教师克服职业倦怠。抓好名师工程，有利于各校名师培训的快速发展，不失为一条名师培养的好渠道。

第二节　示范引领促发展，改革创新造名师

2015 年 9 月，由我领衔的深圳市名师工作室第二批成员、学员招募项目正式启动。经过自愿申报、严格选拔和市局审核批准，确认工作室第二期成员 5 人、学员 29 人、主持人 1 人，共 35 人。为了更好地开展工作，工作室设助理 3 名，同时还聘请了教研顾问、科研顾问和学术顾问，组建成一支业务素质和科研能力强大的导师团队。

三年来，名师工作室按照市区教育局等上级教育行政部门的统一部署和要求，着眼于建设名师成长基地、学术研讨基地、教师文化涵养基地，致力于以学科名师、学科骨干教师为龙头的优质教师团队的打造，致力于教育教学实践课题难题的探索和破解，扎实开展各项工作，为提高深圳教育核心竞争力发挥了一个市级名师工作室的引领作用。

一、名师培训回顾

（一）目标引领明方向，建章立制促规范

工作室先后制定了"深圳市薛森强名师三年总体工作目标"，确定了工作室的阶段性目标和工作计划，制定了"深圳市薛森强名师工作室学员培养或成长计划"，并指导各工作室成员、学员制订适合个人发展的三年规划和详细的学习及提升计划，指导不同教师确立各自的三年成长目标；制定"深圳市薛森强名师工作室人员职责"，对主持人、成员、学员分别规定了工作职责和任务分工，工作室每年对每个教师从思想品德、理论提高、管理能力、教育教学能力、研究能力、技能水平等方面进行考核；制定"深圳市薛森强名师工作室规章制度"，以规范所属成员、学员的行为，确保各项工作有效展开。

（二）培育文化厚积淀，打造团队共进步

三年一周期的学习研讨，工作室注重加强团队文化建设，以此提升团队成员的凝聚力、认同感和归属感。同时通过制度管理与情感管理相结合，更好地体现工作室的人文关怀，让工作室成为老师们愿来、肯来、来则受益的学习基地。

（1）工作室对成员学员实行动态管理。如要求大家自觉遵守名师工作室的工作规章制度，积极参加工作室组织的各项研修活动，努力完成各项研修任务。每次活动均有考勤、记录，对个别不遵守工作室研习活动纪律、缺席较多的成员学员，向其所在单位反映，并及时沟通，督促其按时参加活动。对无故缺席多次工作室活动者作自动退出处理。

（2）关心成员学员生活，加强成员学员间的沟通与协作，增强凝聚力。建立了名师工作室公众号（每月推出新闻报道），开通了 QQ 群，定期发表工作简报（每学年一期），记录团队开展的一系列学习、研讨活动以及取得的成果，及时传递工作室成员之间的学习成果，建立教育教学资源库，实现资源共享、经验共享。此外，我们还尽可能地创造条件组织成员学员参加各项活动，以调节身心，交流感情，增进了解。

（三）专题讲座传经验，互动研讨促提升

三年来，名师工作室引领全体成员学员一起，以构建有效教学为抓手，立足校本教研，探索教育教学新路，极大地促进了工作室成员、学员所在学校教学质量的提升。

（1）深化常规教研，不断提升教师课堂教学水平。工作室主持人、成员带头上示范课，要求工作室所有人员每学期必须上一节公开课，大家相互学习，共同进步。定期召开研讨活动（每三周至少组织一次教学研讨活动），对教育教学中的问题进行研讨，达成共识。从 2016 年起，共组织跨区域性有影响力的研讨会 11 次，成员、学员相互听课各 30 多次。组织研讨活动，为工作室成员提供展示、学习和沟通的平台，促进了名师工作室成员的成长。

（2）邀请名师名家讲座，不断提升教师理论素养。三年多来工作室先后邀请北京教育学院教授吴松年，北京市小学数学著名专家、特级教师吴正宪，广东省第二师范学院数学系主任李样明，深圳市教科研专家石永生，广东省特级教师、正高教师、深圳市布心小学副校长高红妹，宝安区中学数学教研员江少佳等一批学术界翘楚来做专题报告，提高了研讨会的质量水平，调动了工作室成员的听课热情，开拓了广大成员参与研讨的思路。

（3）主动与区外名师工作室进行交流合作. 为了进一步提高工作室成员学员的课堂教学水平，2016 年 4 月 22 日，工作室李锐宁老师与宝安中学吴博思老师就"探索三角形全等的条件（二）"这一课题进行了同课异构。2016 年 5 月 10 日，北京吴正宪名师工作室和深圳薛森强名师工作室在光明小学联合开展了课题为"字母表示数"的同课异构教研活动。

实践证明，借助于工作室提供的平台，通过教学规律的不断探索，有效课堂教学研讨的深入开展，专家的引领和榜样的示范，我们实实在在地感受到了工作室的成员、学员在专业水平上的不断提升和教育教学效果的实质性改观。名师工作室广大学员纷纷表示，教学研讨的成果直接运用到教学实践之中，对激发学生的学习兴趣、端正学生的学习态度等起到了积极的作用，自身教育教学水平也获得了极大提升。

（四）课题研究练真功，智慧课堂勇探索

工作室按照市教育局要求，积极开展课题研究，将教学问题与科研课题结合起来，形成"问题即课题"的研究意识，同时积极参与上级教研部门委托的课题研究任务。

（1）2017 年 3 月成功申报深圳市教育科学"十三五"规划招标课题"名师工作室的培养模式对促进教师专业发展的实践研究"。工作室组织了 30 多人的研究团队，围绕这一课题进行了探索与实践，形成了一大批有价值的理论实践成果。

（2）申报并圆满完成了区级课题"依托名师工作室促进教师专业发展的实践研究"工作。

（3）在工作室的指导下，工作室成员、学员顺利完成了各自承担的多项市、区教育系统重点课题、规划课题。如成员罗巍老师主持省级课题"高中历史校本课程开发"和区级课题"艺体生高考 App 课程资源开发"，参与全国"十三五"友善用脑课题、市级课题"创新教师培养模式的实践研究"。蔡德芹老师参与省级课题"初中教师与家长的合作技能研究"、市级课题"初中思想品德教师教学技能的培养和研究"、区级课题"针对学生差异的有效教学研究"等并顺利结题。杨柳娇老师参与区级课题"先学后教，生生互教自主学习模式研究"并顺利结题。麦超豪老师参与区级课题"高效课堂的前奏：小学数学课巧妙运用课前三分钟的研究"并顺利结题。黄其林老师主持市级课题"小学数学课堂巧妙激趣策略实践研究"和"小学中高段数学错题卡案例实践与研究"，参与市级课题"'220'高效课堂的实践研究"和区级课题"小学中高年段数学错题卡案例的实践研究"并顺利结题。吴欣佳老师主持市级课题"小学生数学拓展性阅读的实践研究"，参与区级课题"小学生数学拓展性阅读的实践研究"并顺利结题。李锐宁老师参与区级课题"初中班级管理存在的问题及对策研究"并顺利结题。周烨老师主持市级课题"小学数学课前三分钟积累有效开展的策略研究"，参与区级课题"开展'新基础教育'试验、促进幸福校园建设的研究"和"创新校本研修模式实践研究"并顺利结题。白瑾老师主持区级课题"新课程理念下初中数学 GX 教学模式的实践与研究"。

（五）交流辐射显情怀，下乡送教传爱心

2015 年 9 月成立以来，工作室第二期成员培训注重成果的推广，立足本区域，辐射区内外，影响力不断扩大。

（1）工作室每次举行教研活动或讲座报告会都主动和市区教研部门联系，邀请非工作室数学教师参加，真正做到资源共享。几年来，我们举办的面向市内外开放性专题讲座和报告会共计 8 场，公开课 12 节，这些活动都得到了参会教师的高度评价。

（2）工作室还借助微信公众号、QQ 群等多种媒介和平台，通过在线研讨、线下交流等多种方式和途径，为广大青年教师、家长和学生提供教

育智力支持，受到好评。

（3）名师工作室还积极承担跨市支教帮扶工作，实现了工作室成员的带动辐射作用，拓展了名师工作室的影响力。2016年11月，工作室应邀参与了惠州市华罗庚中学以"聚焦高效课堂，提升核心素养"为主题举办的教学开放日活动。工作室优秀学员刘玉兰老师为华罗庚中学高二年级师生们献上了一节精彩纷呈的"抛物线及其标准方程"示范课，华罗庚中学全体数学老师参与了听课活动。2017年5月，工作室骨干教师罗英华为河源的老师们开展了一次主题为"基于核心素养下的初中数学教学有效性的思考"的讲座，呈上了一节有关"探索直角三角形存在性问题"的公开课，共有200名河源教师参与了听课评课活动，并对罗英华老师的示范课及专题讲座给予了高度评价。

（六）砥砺奋进提能力，共赢发展成名师

按照深圳市教育局的要求，名师工作室要致力于建设成为名师成长的基地、培育教师的摇篮。三年来，工作室从教育教学理念转变、理论修养提升、学科素养培养、业务能力增强等多方面入手，带出了一支过硬的名师骨干队伍。

（1）工作室编写了《教师专业发展手册》，为教师的成长提供专业参考，并详细记录教师的成长轨迹，通过对比给教师提供发展提升的方向。

（2）实施导师制，打造共同进步团队。工作室通过为每名学员配备一名或多名导师，采用结对传带、单独辅导、听课评教评学等方法指导学员，不断提升学员的业务水平。

（3）工作室购买书籍及网上阅读卡等免费发放给教师，鼓励成员和学员在线学习，要求成员和学员每周至少两晚在"91阅读网"平台上自主学习，每个月撰写读书笔记1篇以上。

三年来，经过科学规划和精心培养，工作室的老师们教育教学水平快速提高。工作室成员、学员荣誉不断，频频获奖。其中获个人荣誉方面，市级2项、区级13项，论文发表，省级以上8篇、市区级46篇，个人参赛获奖，区级48项、市级21项、省级以上15项，辅导学生获区级以上奖

项百余人次。

经过三年的培训，工作室成员、学员的课堂教学能力、教育管理水平都有了较大提高，综合能力也不断增强，有些教师获评省、市、区"名师"或被学校提拔重用。其中，产生光明新区鸿鹄人才 B 类 1 人，由普通教师提拔为中层干部 4 人，获评正高级教师 1 名。在光明区第二批名师评选中，工作室共产生了 3 名区学科带头人、2 名区"骨干教师"和 1 名区"教坛新秀"。在光明区教育局打造的"卓越百人计划"培训项目中，工作室有 3 人入选。另外，还有多名教师获得校级"名师"称号。

二、名师工作室的反思

经过两轮三年为一周期的名师培训，我深深感到，名师工作室的工作不仅仅是对常规教科研工作的延伸、强化与补充，更重要的是要按照名师标准，对教师进行有计划、有步骤的培养。因此，培养必须具有针对性，做全方位的"名师"打造；要在"名师"的指导下，让青年教师少走弯路，更好地找准定位和方向，在短时期内让青年教师脱颖而出。但是，三年工作室研学，我也发现有个别教师没有坚持参加工作室的活动，所以，个人专业发展依然停滞不前，甚至比参加工作室之前更差。另外，还发现个别教师虽然参加工作室活动，却总是把自己当成看客、旁观者，从不主动参与各项活动，这些教师虽也有进步，但进步甚微。因此，我认为，只有自身真正想学习，想提高的教师，才有可能通过名师工作室这样的平台获得专业发展上的提升。

光阴荏苒，我们研究的脚步不会停歇，定下目标与方向，我们豪情满怀，且行且学且反思，共思共研共进步。厚积方可薄发。在润物细无声中，我相信定会听到那拔节生长的声音。

第三节 建设"双减"背景下的有效课堂

2022年2月，我被评为"深圳市第三批名师工作室主持人"。经深圳市教育局批准，确定薛森强名师工作室（第三期）主持人1人，成员6人（含助理一名），学员16人，共23人。其中，11人具有研究生学历，其余为本科学历。成员、学员中来自龙华区1人、宝安区5人、光明区17人；有高级教师4人，正高级教师1人；获"特级教师"称号1人，市学科带头人2人，市"中青年骨干教师"2人。不少教师年轻有活力，干劲大，学习热情高涨。

一、工作室第三期培训背景分析

深圳市薛森强名师工作室第三批成员、学员招募项目又开始了。通过前两批的培训培养，工作室积累了一定经验，培养了一批又一批中青年骨干教师或学校行政管理人员。第三批工作室培训应是我教育生涯的最后一批了。站在中国特色社会主义先行示范区的前沿，作为深圳教育人，我有责任和义务培养和指导中青年教师加快专业发展步伐。

有了前两期的基础，工作室的优势是培养经验丰富，我作为校长，培训资源广泛，有利于工作室开展各项活动。但不足在于，我平时工作繁忙，难以抽出很多时间及精力具体指导每一位教师。

借助光明区打造世界科学城，引进大批高端人才，亟须提高科学城辖区教育质量的契机，名师工作室培训培养中青年教师，促进教师的专业发展水平就显得尤为重要。目前，市内成立初中数学名师工作室的已达8人，区域内容易形成竞争态势，给工作室工作也带来了挑战。

二、指导思想

第三期工作室培训以党的十九届六中全会精神为指导思想，以国家

《关于进一步减轻义务教育阶段学生作业负担和校外培训负担的意见》（简称"双减"）为行动指南，以学有优教为宗旨，以立德树人为根本任务，全面贯彻党的教育方针，提高教育质量。工作室根据《深圳市基础教育系统"名师工程"实施方案（2020 年修订）》，以教师专业能力建设为核心，以中青年骨干教师培养培训为重点，整合资源、高端引领、团队培养、整体提升，努力建设一支有理想信念、扎实学识、仁爱之心，充满活力的高素质名师队伍，带领所在团队成员，围绕课程标准改革、"双减"工作、数学实验建设等重点和难点问题开展专项课题研究，推动深圳教育事业科学发展。

三、工作室的定位

工作室"三期"培训的主题是"'双减'背景下的初中数学课堂教学行为的有效性研究"，具体采用行为反馈，定量和定性相结合的纠偏方式，不断总结初中教学课堂有效的教育教学行为。

四、工作室的目标

工作室"三期"培养项目总体目标是通过三年的研究，找到适合光明区中学生发展的数学课堂教学模式，并有效提高光明区中学的数学教学质量；同时，培养一批业务过硬、科研能力强的年轻骨干教师，确保 1 人以上获省、市级名师称号，4 人以上获区级名师称号，参加教学类比赛获得名次，在正规刊物上发表论文不少于 6 篇，出版专著 1 部。

五、工作室的主要任务

（一）工作室三期培训工作

工作室以网络平台为主要依托、以课题研究为重要方式、以课堂教学及管理研讨为主要内容，在深圳市教育局"名师工作室领导小组"的领导下，开展一系列教研教改和培养深圳市初中数学学科优秀教师的工作。

（1）带好一支队伍。通过以三年为周期的培养计划的实施，有效推动培养对象的专业成长，达到在一个工作周期内使工作室成员在师德规范上出样板，课堂教学上出精品，课题研究上出成果，管理岗位上出经验，实现工作室成员的专业成长和专业化发展，以引领学科教学及教育教学管理共同发展的目标。工作室通过名师引领、团队行动，带动一批，辐射一片，引领成员、学员加强师德修养，增强职业认同感和荣誉感，学习教学专业技能，提高综合素质，培养一批致力于教育教学改革和教育科研创新的名教师、骨干教师后备力量，促进青年教师立足岗位成才。

（2）做好一批项目研究。坚持课题引领、研究推动，围绕学科教育教学当中的热点、焦点和难点等问题开展课题研究，主动承担教育改革攻坚任务，力争形成一批对深圳市教育教学改革具有重大引领作用、在全国有重大影响的高水平、标志性的研究成果。在实践中总结教育教学管理经验，瞄准新课程实施和教学改革前沿，探寻学校管理及教研教改的新思路、新方法并确定一项具有实用价值的科研课题（"双减"背景下初中数学课堂有效教学研究）。同时，以此为研究方向，在实践探索中破解中学数学学科教学难题，指导工作室成员、学员自有课题的研究，引领工作室成员、学员积极开展有效的教科研活动。

（3）开展一些研训活动。落实深教〔2015〕107号文件提出的"一个工作室就是一个培训中心"的要求，工作室每期至少开发1门教师继续教育主讲课程；充分带动工作室师资团队，积极参与全市"继续教育周"以及各单位开展的培训活动；积极参与名师送培到区、到校活动，对薄弱区域学校教师集中开展"订单式"送培上门。

（4）做好一次展示。工作室引领教育教学管理及学科建设，每年承担一次市区级以上课堂教学展示活动，以研讨会、报告会、名师论坛、公开教学、送教下乡、现场指导等形式，有目的、有计划、有步骤地传播先进的教育理念和教学方法，帮助光明区内中学数学教师解决课堂管理问题、教与学过程中遇到的问题，充分发挥名师的带头、示范以及辐射作用，从而形成名优群体效应，实现优质教育资源的共享。

（5）建设一批学科资源。根据中学数学学科课程标准和教学要求，工作室组织开发系列课前导学、教学设计、教学课件、微视频、创新作业和经典试题等学科资源；开辟工作室公众号或订阅号等媒介平台，及时传递工作室成员之间的学习成果，交流"工作室"研究成果，建立"有效教育教学及管理研究"教育教学资源库，使媒介成为中小学教育教学管理及学科教学动态工作站、成果辐射源和资源生成站，以互动的形式面向广大教师和学生。

（6）出一批成果。工作室教育教学、教科研、管理等成果以精品课堂教学实录、个案集（含教学设计、课件、微格教学评析）、论文、课题报告、专著等形式向外输出。

（二）工作室的教师培养规划

1. 培养教师方面

工作室先期依据《关于开展深圳市中小学名师工作室评审工作的通知》的规定完成成员、学员招聘，之后，研究与探讨骨干教师的成长规律，带领青年优秀教师积极参加教育科研，不断充实和提高青年优秀教师的教育理论水平和科研水平，造就具有学科研究特色的骨干教师队伍。

1）制定工作室成员成长目标

通过以三年为周期的培养计划，有效推动工作室成员、学员的专业成长。三年里，工作室将帮助工作室成员、学员成为本校、本地区教研教改的带头人，要求成员、学员一是努力学习专业理论并在实践中不断提升自己的理论水平，每年至少撰写一篇有价值、有水平的科研论文；二是通过工作室确定的课题研究的参与，逐渐形成独立开展课题研究的科研能力；三是积极参加本校、本地区的教育科研活动（包括校际交流、各级中小学学科会议、各级学科培训和论文与经验的交流活动等），有效发挥名师工作室的示范辐射作用。

2）制订相关措施助力工作室成员专业成长和专业发展

（1）制订规划。工作室结合成员的自我发展计划，为成员制订专业发展的三年规划，促使每位成员尽快提高教育教学和科研能力，推动成员的专业成长。

（2）读书自学。工作室要求成员、学员积极参与系统学习中小学教育教学管理的前沿理论与课程改革理论等读书活动，做好读书笔记并定期在工作室网络平台发表读后感言，交流心得体会，以同伴互助的方式实现成员的共同成长。

（3）专题研究。工作室要求成员、学员积极参加工作室确定的科研课题，做好课题的计划与研究过程的记录、整理、反思、总结、交流等。领衔人深入工作室成员的课堂教学中，定期听工作室成员的随堂课，并针对课堂教学中的问题进行深入研讨与纠正；定期跟踪课题实施进度，检查阶段性成果，汇编成员的课题研究成果。

（4）参加活动。领衔人带领成员参加各级教研活动和各类教育教学相关比赛，承担各级中小学教育教学管理及学科的培训，发挥示范辐射作用。

（5）撰写反思及经验。工作室在微信公众号或订阅号上开通账号，鼓励成员、学员发表个人心得体会，每周发布不少于1篇体会文章。

2. 课题研究方面

工作室以领衔人的特色专长为基础，以工作室全体成员的智慧为依托，对中学教育教学工作进行专题研究，以中学数学教学实践过程中发现的现实问题为主要研究对象，以促进实施有效教学为根本目标，确定了"'双减'背景下初中数学课堂有效教学研究"的课题研究。

（三）工作室的主要职能

（1）成果辐射。工作室以名师公开教学、组织研讨、现场指导、专题研究、课题研究、公开课讲评、观摩考察等形式对成员进行培养。以论文、专著、研讨会、报告会、学术论坛等形式向全市辐射、示范，显现相关工作过程、工作策略及工作成果，引领全区乃至全市有效课堂教学的教学改革。工作室建立人员成长电子档案，不断促进工作室发展及人员的专业成长，在工作周期内培养出一定数量的优秀骨干教师。

（2）在线研讨。建立工作室网络平台（网络平台栏目设想：名师论坛、成长感悟、释疑解惑、教改前沿、成果共享等）。通过网络传播和在线互动，有效开展名师工作室的成果辐射，使之成为工作室的动态工作站、成果辐射源和资源生成站，并以互动的形式面向青年教师研修者和广大学生；名师工作室将利用网络平台，采用论坛形式定期开展在线交流、研讨，非工作室成员可以自由参加，使不同县（市、区）的学科教师有定期交流的固定平台；名师工作室将利用网络平台开展全市的学科课程教学改革在线研讨，在每个工作日的早上8时至晚上8时，安排工作室人员轮值在线解答本校教师的有效数学课堂教学策略问题。

（四）工作室工作方案实施的预期效果

通过工作室方案的实施，到2025年，拟培养一批具有先进理念和较强教学技能的优秀中学数学教师，进一步激发光明区中学数学骨干教师教育教学科研的热情。

（1）工作室成员、学员自身能力得到快速提升，对相关学校教师的专业发展起到引领和核心辐射作用。

（2）工作室集教研、科研和培训于一身，对辖区内的相关学校形成一种指导辐射作用。

（3）以工作室方案的实施，解决一些市内中学数学课堂教学过程中的重、难点问题，推动初中数学课堂有效教学的发展。同时，由此形成辐射其他学科的经验启示。

（4）通过结对帮扶和送教下乡等形式，扩大深圳名师示范辐射效应，让更多贫困地区教师得到培训和指导，进而扩大深圳教育的影响力。

第四节　打造高素质专业化创新型教师队伍

2018年初，中共中央、国务院印发了《关于全面深化新时代教师队伍建设改革的意见》（以下简称《意见》）。《意见》在教师队伍建设目标方面，提出"造就党和人民满意的高素质专业化创新型教师队伍"，"到2035年，教师综合素质、专业化水平和创新能力大幅提升，培养造就数以百万计的骨干教师、数以十万计的卓越教师、数以万计的教育家型教师"。从中可以发现，不同于以往相关政策文件中"培养合格教师""提高教师素质""培养具有良好思想道德素质和业务素质的教师"等提法，《意见》明确提出要造就和培养的是"高素质、专业化、创新型"的教师。这是当前中国特色社会主义进入新时代，面对新方位、新征程、新使命，国家对教师提出的高标准和新要求。

一、高素质专业化创新型教师队伍的内涵

高素质的教师，应该具有以下特征。第一，要作为社会主义核心价值观的践行者，自觉加强理想信念教育，准确理解和把握社会主义核心价值观的深刻内涵并积极践行，做学生思想政治教育的第一责任人。第二，具备良好的公民道德素养，自觉遵守《中华人民共和国宪法》及其他各项法律规定，遵守教育教学专业伦理规范，并做到内化于心，外显为行。第三，树立科学人本的教育理念，逐步树立符合教育规律和儿童发展要求的学生观、课程观、教学观。第四，具备宽广的知识。这里的知识涵盖人文社会和自然科学知识、深厚的传统文化素养、扎实的学科专业知识（本体性知识）、教与学的知识（条件性知识）、实践性知识、关于学生和教师自我的知识等。第五，具备多元化的能力，包括组织协调、与人沟通合作、语言表达、阅读和写作、应用网络信息技术、自我反思、终身学习、国际理解、跨文化等能力。第六，拥有正面向上的人格品质和健康身心。高素质教师应有耐心和爱心，要有友爱、诚实、谦虚、热情、理解、有创造力、有抱负、乐于助人、愿意奉献等优秀品质，并有健康的体魄和良好的心理素质。

专业化的教师，必须具备以下典型特征。第一，经历较为严格的选拔培训。接受过较长时间、专门化的系统教育和训练。第二，具有夯实的专业知识基础，包括系统扎实的学科专业知识、教育学和心理学知识、学科教学知识、关于学生和教师自我的知识等。第三，具有多元的专业能力，主要包括教育教学活动的组织和管理能力，教学设计能力，应对学校和课堂突发事件的能力，与学校领导、同事、学生及家长沟通合作的能力，对

学生行为、学习、交往和情感等的指导能力，学科专业知识建构的能力等。第四，具有复杂教育教学情境中的专业判断与决策能力。需要将理论和研究性的知识转变为实践所需的临床知识，并在参考专业伦理准则下对所面对的教育教学问题和情境进行分析，并作出适时的行动决策，同时对决策落实过程和结果进行监控，从而反思分析、判断、决策过程，不断提升专业分析、判断、决策能力。第五，有坚定的专业认同和专业精神。对自己所从事的教育事业和工作具有强烈的认同感，并具有强烈的教育情怀和情操、专业责任感、服务和敬业精神，热爱学生和教育事业。

创新型教师，应该具有以下一些典型特征。第一，具有强烈的好奇心和创新意识。对新鲜事物有探究兴趣和欲望，并且对教育教学的理论和实践有自己的独特理解。第二，具有创新人格，习惯独立思考。对教育前沿理论和实践具有强烈求知欲，具有想象力和意志力。第三，具有创新思维，能够从多个角度看待和理解教育教学活动，并且善于引导和鼓励学生突破常规，发散思维。第四，勇于创新教育教学实践，能够在课程内容、课程组织、教学实施、教育评价等方面进行改革探索，积极引入现代信息技术手段，并能把握未来教育教学动向，善于辨析不同学生的差异需求，创造性地解决教育教学所遇到的新问题。第五，善于自我反思和总结，有意识地将日常教育教学经验进行总结和梳理，努力将其提升至理论高度，并在教育教学实践中实践和验证，且具有教育科研意识和扎实的科研能力。

二、马山头学校建设高素质、专业化、创新型教师队伍的做法

我所在的马山头学校，自 2018 年创校以来，在区教育局的正确领导下，深入学习习近平总书记的相关讲话精神，严格按照"四有"好老师要求，实施教育教学。学校努力打造高素质、专业化创新型教师队伍，现将相关做法做简要陈述。

（一）坚持党建引领，提高政治站位，锻造教师队伍之魂

学校充分发挥党支部的战斗堡垒作用，通过教育好党员教师，以党员带动全体教师，树立社会主义核心价值观，明确"为谁培养人，培养怎样的人，如何培养人"。党员干部身先士卒做表率，无论是教学还是科研等工作中，党员都发挥了先锋模范作用；贯彻"教育就是成就，成就学生，成就教师"的办学理念，推动教师以校为家，不懈奋斗，在成就学生的过程中成就自己，实现人生价值和职业发展；通过每周的政治学习、教师会和名师讲坛，全力推进师德师风建设，锻造"有道德情操，有理想信念，有扎实学识，有仁爱之心"的"四有"好教师。坚持廉洁从教、依法从教，严惩师德师风失范行为。以党建引领师德师风建设，让教师队伍风清气正，干劲十足。

（二）坚持"名师"引领，加强校本培训，夯实教师队伍之基

作为新办学校，我们特别注重新入职教师的暑期全封闭培训，主要是对师德、师技、师能及学校办学理念，"三风一训"学校文化等方面的全方位培训。学校充分利用省市"名师工作室"的平台，引进与培养相结合，搭建高层次、全学科的名师队伍。学校大力开展"青蓝工程"，通过师徒结对推动青年教师成长，让"名师"在教学科研经验、吃苦耐劳精神、教书育人情怀等方面引领青年教师快速成长。

同时学校还加大优秀应届毕业生的引进力度，通过制作精美宣传片、现场宣讲、热情服务等方式吸引众多名校毕业生加盟。目前学校已经形成有经验、有活力、有担当、有干劲的老中青合理搭配的教师队伍。

（三）坚持科研引领，创新校本教研，打造教师发展之翼

学校制定了科研引领，"弯道超车"的新办学校教师发展理念，用科研引导教师走进常规教学的研究，让教师通过反思自身的教育教学行为，不断提高教育教学能力。目前学校通过课题研究，带动起一批批中青年教师的迅速成长。到 2020 年，开办两年，马山头学校已获得广东省教学成果

奖特等奖 1 项，广东省优秀论文奖 1 项，教师在正规刊物发表论文多篇，扩大了学校影响力，积累了科研经验。

我们积极创新校本教研方式，开展以问题为导向的校本教研，开展"我与名师同上一节课"的教研活动，邀请市内专家来校听课评课指导，先后有数十位知名专家来校传授经验。学校在校内各科组大力推广同课异构活动，鼓励青年教师教学创新。同时，积极鼓励青年教师外出参赛，在比赛中获得成长。学校青年教师龚佳参加"深圳市民讲英语"大赛获得优异成绩，受到区领导表扬。2020 年光明区青年教师基本功大赛，学校有 11人获得一等奖。

（四）坚持特色打造，提供展示平台，开启教师发展之门

学校充分发挥后发优势，坚持特色发展打造亮点。学校深耕数理文化特色教育，组织教师积极参与数理文化建设，每年开展为期两周的数理文化节活动，评选"数理小院士"，定期出版《数理学报》，建设数理文化大厅，发展数理社团，用数理特色带动数学、理综学科的发展，培养学生的数理思维。

学校大力支持有经验、有特长、有情怀的教师打造无人机、足球、篮球、版画、合唱团、民乐社、朗诵社、舞蹈社、曲棍球、健美操、艺术体操等特色社团，并且取得了一系列优秀成果，获得了国家级二等奖、省级一等奖、市级一等奖等奖项。学校还被评为全国冰上运动项目特色学校，为光明区争得了荣誉。

此外，马山头学校还建设 2 000 平方米劳动教育实践基地，组织教师开发劳动教育校本课程，认真落实教育部关于劳动教育的文件精神；与前来参观交流的兄弟学校，携手共进，相互学习，取长补短，系统构建九年一贯制学校劳动教育课程体系，探索和实践实施劳动教育的新路径。

我们相信，只要坚持以党建为引领，扎实做好师德师风建设，充分发挥"名师"的传帮带作用，加大科研力度，开发特色项目，定能成为不负使命的光明教育追梦人。

第四章　建设成就师生的管理制度

　　作为中层干部 10 年，副校长 15 年，校长 5 年，可以说，我有着 30 年学校教育教学管理工作的经历。从部门副主任到主任，从副校长到校长，作为教育管理者，我肩负的责任各不相同。作为教师，我只需要教好我的课，要让学生的学习成绩有提高；作为班主任，我只要管好自己的班级，使班风良好，学生成绩优良。但是，作为学校管理者，必须要清楚地认识管理的目的就是要调动师生教育教学的积极性，帮助学生不断提高学业成绩，实现其考上理想高一级学校的目标。所以必须跳出日常事务，站在更高层面上做好顶层设计，研究教育工作，做到方向正确，思路清晰，措施得当，效果优良。这时就需要统筹各种资源，调动教职工的主动性、积极性，为实现部门、学校的发展目标努力拼搏。因此，要想成为一名合格的学校管理者，其实非常不容易。

　　我们需要聚合"人财力"，需要制订各种方案、制度、评价，激励师生员工携手同心，共创辉煌。一个好的领导，还需要高瞻远瞩，制订团队的长远规划和愿景目标，以及实现长远规划的每个阶段性目标。我们需要提供多元发展平台，做到既帮助学生学业进步，也促进教师专业发展，从而达到教学相长、相互促进的目的。

第一节　实施"四精"管理，提高教学质量

质量是立校之本，管理是兴校之基，学校是否能够高质量地发展要靠精细化管理作保证。一个好校长，通常都会用"四精"——精准、精细、精实、精雕。不断强化精细化管理，重细节、重过程、重落实、重质量、重效果，在每一个细节上精益求精，把小事做精，把细节做亮，做到人司其职、人尽其力、人负其责、物尽其用，让教育教学质量大幅度提升。

一、目标精准，引领学校快速发展

目标是方向，目标是动力。聪明的校长会不断强化目标管理，建立目标导向机制，凝聚师生发展共识；制订学校工作目标细化管理实施方案，细化工作目标、工作标准和完成时间、责任人，并把学校工作的中心目标层层分解到个人，层层签订教学质量目标责任书，形成上至学校校长，下至每一位教师都有一份特殊的"军令状"，以目标激励行动，用行动成就目标，做到人人有压力，个个有动力，把实现目标的激情转化成行动的动力，激励教师不断追求更高目标。

二、制度精细，保证管理有章可循

"无规矩不成方圆""人管人气死人，制度管人最服人"。随着社会的发展、形势的变化，学校制度可能会逐渐缺乏适用性，落时的制度不仅不能约束、规范、激励、引导师生的行为和发展，反而会阻碍学校的发展和进步。只有完善各项制度，坚持制度管人，才能风正气顺。聪明的校长会充分发扬民主，健全细化制度清单，推动学校教学质量的稳步提升。

制度精细会让管理由主观型、随意型、粗放型向科学化、规范化、精细化转变，一切依制度操作，使各项工作走上有序化、规范化、制度化的

轨道，达到"时时有人管，事事管得好"的境界。同时，我们设计制度充分发挥教师的能动性，力求尽一切可能调动教师的积极性，保证教育教学工作落到实处，教育教学质量得到全面提升。

三、过程精实，夯实教育教学管理

教学管理是教育工作的中心环节，抓好教学管理是提高教学质量的重要保证。聪明的校长会细化教学常规，强化过程管理，从根本上夯实教学管理，提升教学质量。

把细节抓严，把过程抓实。校长把质量落实到每一位教师的常规教学中，对教学常规管理实行"校长随机查、教研组每周单项查、教导处每月查"的三级检查制度，做到各有侧重，相互回应，整体联动。一是校长推门听课，随机抽查一个教师的常规教学，查的是自然状态，了解的是真实情况；二是教研组围绕随机抽查发现的薄弱项目进行调查，侧重于分析；三是教学处每月对学校教学检查与通报质量进行督查，侧重于整改，将督查结果纳入各教师月工作考核。有检查必有总结，有总结必有通报。在检查与通报中，使每位教师看到成绩，明白不足，扬长避短，与时俱进，向扎实的常规要质量。

四、文化精雕，激励师生和谐成长

管理的最高境界是"让每个人都感到自己的重要"，教育的最高理想是"让每一个孩子都自由呼吸、自主成长"。为了实现这样的目标，校长会以精神文化、环境文化、制度文化建设为载体，开展丰富多彩的校园文化活动，以"润物细无声"的校园文化建设，力求精雕细琢，点点做靓，处处做精，搭建师生成长的平台，激发校园活力，提升校园文化品位，为师生营造出一个恬静雅致、自然优美、整洁舒适、文明向上的工作和学习环境，引领师生共同发展。校长会在教师中经常组织趣味运动会、拔河比赛、羽毛球比赛、师徒结对、师德演讲等丰富多彩的文体活动，丰富教师的精神文化生活，缓解工作压力，做到让广大教师舒心、欢心、顺心，从而凝聚人心，促进学校和谐、健康地发展；在学生中经常开展书画比赛、经典诵读、足球联赛、广播操比赛、研学旅行等活动，拓展学生能力成长的空间，全面提高学生的综合素质。对每项校园文化活动都精心筹备，投入必要的活动经费，有计划、有步骤地逐项落实。

第二节　面向未来，奋力直追，实现新校跨越式发展

2018 年 4 月，深圳市委、市政府决定在光明新区集中布局，建设科学城，要求光明新区以最高水平、最高标准谋划建设世界一流科学城。2019年 8 月，《中共中央、国务院关于支持深圳建设中国特色社会主义先行示范区的意见》发布，其中提到的"以深圳为主阵地建设综合性国家科学中心，在粤港澳大湾区国际科技创新中心建设中发挥关键作用"，也让深圳光明区更深刻地体会到了肩负使命的荣耀与重大。光明科学城是落实《粤港澳大湾区发展规划纲要》的重要举措，是深圳市委、市政府全面提升科技创新能力，尤其是源头创新能力的重大战略部署。这里将集中建设大科学装置和科研院所，成为深圳加强基础科学研究、提升源头创新能力的核心引擎。光明科学城将立足全球视野，服务国家战略，通过布局一批世界级重大科技基础设施集群，集聚一大批科学研究顶尖人才，释放出强劲绵长的发展动能，助推深圳驶入新一轮高质量发展的高速路，建设成为粤港澳大湾区国际科技创新中心的重要载体和平台。综合性国家科学中心，处在国家创新体系金字塔的塔尖，被称作科研"皇冠上的明珠"，是代表国家参与全球科技竞争与合作的核心力量，对高层次人才和重大科研项目具有强大的虹吸效应，对所在区域和城市的创新发展意义非凡。布局建设大科学装置群和高水平科研院所，是创建综合性国家科学中心的标配。基础研究和原始创新，正是光明科学城所承载的历史使命。

一流的世界科学中心，要有一流的科学人才，更需要一流的教育相匹配。作为光明区基础教育基石的中小学，应该承担怎样的任务，应该怎样

快速提高教育教学质量，是摆在每一个校长及教师面前迫切需要认真思考和大胆实践的问题。

我们马山头学校是光明区 2018 年 9 月新开办的九年一贯制公办学校，占地 36 540 平方米，建筑面积 33 227 平方米，办学规模为 54 个班，2 520 个学位。截至 2022 年 9 月，共计 51 个班，学生 2 463 人，专任教师166 人。

快速提高新校的办学质量，打造出与"世界一流科学城"相称的高品质教育，我们责无旁贷。经过反复调研，考察市内外名校，我们制订了马山头学校快速发展的总体方案和思路。

一、做好学校发展的顶层设计，为学校发展定标

经过多次研讨，我们确立了马山头学校的办学定位，即打造一所有一定影响力的高质量、特色鲜明的现代学校。在软硬件配备上，做到以下几点。

（1）高标准配备硬件设施，所有教室都装备先进的希沃平台开展教学，建设生物 VR 实验室、数字科学实验室等功能场室，以及先进的访客人脸识别系统。

（2）制定学校"三风一训"。确定学校的校训为"明理诚信，睿智笃行"，校风为"睿思、尚礼、臻善"，教风为"敬业，厚生，求真"，学风为"哲思，务实，致远"。

（3）确立学校的办学理念及愿景。我们的使命是培养在未来社会竞争中胜出的优秀人才。基于此，马山头学校以"教育就是成就，成就学生，成就教师"作为办学理念，以"为培养适应未来发展的优秀公民奠基"作为办学愿景，用"适应未来"的标准指导办学。

（4）明确办学特色。为了更好地为光明区打造"世界一流科学城"服务，马山头学校依托本校数学特级、正高级教师薛森强，物理正高级教师朱建山两大名师工作室，促进教师专业成长的同时，为学生的数学、科学打下良好基础，培养理性思维，助他们在未来的学业发展和社会竞争中占

据优势；确立"数理教育"作为学校的办学特色，力争培养"全面发展，数理见长，格物穷理，理性思维"的学生。

二、全方位培养青年教师，打造适合未来教育发展的师资

基于新学校青年教师居多的特点，围绕光明区打造"世界一流科学城"的目标，我们努力做好青年教师的培训工作。依据"先培训，后上岗"，"不培训，不上岗"的原则，坚持校内培训与校外培训相结合，给青年教师指定"一对一帮扶"导师，促进青年教师快速成长。同时，给青年教师压担子、给任务，促进其在历练中快速成长。

三、创新课堂教学模式，探索未来课堂教学

教学质量的提升，关键在课堂。推动课堂教学的改革创新，才能实现学校的跨越式发展。为此，我们做好在传统课堂教学的基础上，积极开展课堂教学变革。

（1）组织老师认真学习未来教育发展的理念，改革课堂教学方式，推动教师教学模式的改变。如引进"大数据下的英语教学""生活数学教学研究""理化的非常实验教学"等。

（2）鼓励教师大胆创新。我们制定了《马山头学校课堂教学创新激励方案》，要求教师根据未来教育的需要，开展多学科融合的教学尝试，促进学生综合素质的提高。

（3）开展动手实践、体验的课程。学校结合自身特色，开发了植物栽培、亲身体验等课程，让学生动手参与，在体验中学习，让学生在实践中获得知识，比课堂灌输的教学方式要好得多。开辟 1000 平方米的生物实践基地供学生研究花草、农作物种植规律，掌握劳动技能；组织学生每年举行秋季或春季社会实践活动等。

四、开设形式多样的前沿校本课程，着力提升学生的综合素养

我们结合本校打造"数理特色"这一目标，在开齐开足国家课程的基础上，开设具有学校特色的校本课程。如低年级的"国际象棋""中国象棋""玩转科学""奇思妙想""steam""机器人编程""小小创客"等未来课程。同时针对互联网时代的都市儿童身体锻炼、社会实践、劳动技能、书写技能有所欠缺的情况，学校精心打造各种社团活动进行有针对性的素质拓展。例如，以大课间锻炼为核心的阳光体育工程，保证学生身体素质得到充分锻炼；每日午间上课前开展写字练习等提升学校的人文氛围。

学校注重以课堂教学方法的提升保证教学质量，高效利用课堂 40 分钟，留足时间给学生开展社团活动，提升综合素养。为此，学校创办了一批品位高、竞争力强的精品社团。曲棍球、健美操、艺术体操社团在全市比赛获得优异成绩；皮影画、艺术钩编、儿童创意、版画、剪纸、书法等社团联合举办美术嘉年华活动，丰富了校园文化建设；国旗班、广播社、鼓号队已经承担起学校的常规工作。

开办仅一年多，马山头学校就紧紧围绕光明区"打造世界一流科学城"这一时代契机，确立了数理办学特色；充分利用光明区的科技资源，每学年举行一次为期两周，全校师生参与的数理文化节，并且涵盖专家讲座、前沿科技体验、数理游戏、科技 DIY、科普表演等丰富内容；定期出版数理学报，选举"数理小院士"，分年级开设国际象棋、中国象棋、玩转发明、科学素养、steam、机器人编程等校本课程。此外，学校还在筹建数理实验室，为数理特色教育提供更丰富的资源。

学校秉持"科研强校，弯道超车"理念，充分利用在行业处于领跑地位的骨干教师，带动高学历、高素质的年轻教师，在科研领域积极探索。截至 2019 年底，就已经取得累累硕果：获得广东省教学成果奖特等奖 1 项，广东省优秀论文一等奖 1 项，省级课题立项 3 项；获得市级一等奖 8 项，市级课题立项 3 项；获得区级一等奖及以上奖项 10 多项。

面向未来，不断创新，为培养适应未来发展的优秀公民奠基，是学校

永恒的主题。

第三节　打造数理文化特色校，培养理性思维好学生

苏州大学朱永新教授说："办学风格，第一是特色，第二是特色，第三还是特色。"随着素质教育和课程改革的不断深入，教育的个性化和办学的特色化已成为每一所学校的必然选择。

初建时，马山头学校地处光明新区马田社区，学校周边有深圳市钟表产业基地、内衣城等大型企业。居民除一部分本地人外，大部分均是周边企业的员工、小摊小贩，还有少数是国家公职人员。他们的子女就是学校服务的对象。光明区处于深圳市的西北边缘地带，因此，大部分家长文化水平不高、学生基础也比较薄弱，尤其是学生的数理化成绩与市内学校比有较大差距。从近几年我国高考改革情况看，各省市高考文理科录取比例悬殊，很多人认为理科学生就业形势比较好，所以有"学好数理化走遍天下都不怕"之说。因此，在全面实施素质教育的基础上，着力强化数理化学科迫在眉睫。

为了打造精品，丰富校园文化内涵，提升学校办学品位，马山头学校确立了以数学等理科为特色学科，推进数理特色学校建设的目标。

一、创建基础

学校确立以数学为特色学科，推进数理特色学校建设，主要是基于以下三方面考虑。

（一）数理学科有着雄厚的师资力量

筹备组组长薛森强是深圳市地方领军人才、中学数学特级教师、中学数学正高级教师、深圳市"名教师"、深圳市数学名师工作室主持人；副组长朱建山是广东省物理名教师工作室主持人、深圳市"名教师"、深圳

市物理名师工作室主持人。两人都是数理出身，理科治学，可以发挥引领和熏陶作用。再加上新引进的桂林市数学名师韦丽云、区内物理学科带头人明媛等优秀教师，可谓"兵强马壮"，年富力强，校内数理师资雄厚，教育氛围浓厚。

（二）数理文化与学校文化的完美融合

学校的核心文化是"明理诚信，睿智笃行"，学生培养价值取向是"尚学，严谨，求真，合作"。"严谨"是理性的精髓，而"求真"体现的是科学精神。可见，学校文化很大一部分体现的是理性和科学精神，而数理的文化内涵正是追求理性、探索真知。因此，数理特色所蕴含的文化是与学校文化理念兼容并包，一脉相承的。

（三）数理特色的育人本质

数理思维是一种周密、严谨的科学思维。义务教育时期是人才培养的关键期，我们有责任培养学生的学科素养和创新思维，以理性文化培养富有独立人格、独立思考、敢于质疑，独立判断的人才。

二、总体设想

（一）强化四个支撑

（1）文化支撑：以数理为特色，打造适合学校校情的校园文化，营造浓郁的数理校园文化。

（2）课程支撑：结合义务教育课程标准，开设数理校本课程，满足学生的发展需求。

（3）活动支撑：每学期制订数理综合实践活动计划，开展数理节、头脑奥林匹克竞赛、"校园小院士"评选等活动，着力提高学生的学习兴趣。

（4）社团支撑：开展适合学生的数理社团活动，补充及延伸学生数理学习内容。

（二）打造三个平台

（1）建设一个展示理科特色的网站；

（2）办好一份数理学报；

（3）每年举办一次数理文化节。

（三）营造两大氛围

（1）营造数理学科校园文化氛围；

（2）提升理科文化建设与学生素质提升课题研究氛围。

（四）达到一个目标

创建数理特色学校，核心是通过做强数理学科，努力培养学生的理性精神，实现"数理见长，通文达理，理性规范，格物穷理"的目标，把学生真正培养成为具有理性精神和学科素养的人，让学生站在离成功最近的地方，成为最好的自己。

三、具体措施

（一）强化四个支撑，确保特色落地

1. 文化支撑，创建数理文化环境

1）创建数理文化氛围

校园是学校培育学生的重要场所，要把抽象、空洞的数学或科学知识融入校园文化的环境建设中。①建立现代化的数学探究实验室，将手持技术与信息技术相融合，提升想象空间，打造数字数学。②建设数理科技楼（建成1个数学学科教室，7个包含物理、化学、生物等自然科学的学科教室），营造浓厚的数理学科氛围。③开辟数理大厅展示刘徽与割圆术、祖冲之与圆周率的故事图片；阿基米德撬地球展示杠杆原理的图片等。此外，在教室走廊、楼道的墙壁上悬挂制作精美的数学游戏牌匾，每一块牌匾都是一个经典数学游戏场景，如"皇后的问题"、"同色相连移一移"、蕴含著名的"短板效应"的木桶流水装置、仿建"哥尼斯堡的七座桥"问题情景的两座假山等。④建成数理文化元素墙，向学生们介绍古今中外的数理科学故事、数学难题等，感受理性的力量；建成以数理名家、数理名言为内容的楼梯文化，感受大师就在身边，名言就在耳边，拾级而上就是沿着大师之路攀登；建成大师墙、学子墙，寓意"今天的大师，曾经的学子；今天的学子，未来的大师"。

2）优化学校科技教育环境

（1）"科技走廊"。学校将教学楼与科技综合楼之间的过道设置成科技走廊。科技走廊由学生组织少科院具体负责，定期将科技活动信息、科技知识或新闻、学校近阶段的科技活动情况、各类竞赛以及所取得的成果等张贴在走廊的两侧展板上，让师生了解最新的科技动态。

（2）"生态走廊"。学校计划将数百种"栩栩如生"的动植物标本陈列在用仿生的树木、沙石、草坪等布置出的通顶大型陈列柜中，再将整条走廊绘以与这些标本相适应的自然环境，同时配以灯光辅助，使人仿佛身临大自然。这里也随即成为师生课余科技活动的乐园。

（3）植物"身份牌"。为了利用遍布校园的各种植物资源丰富学生的感性认识，学校请市园林科研所协助，准确地提供了各种植物的名称和科属，使学生了解各种植物的名称和特性，让学生回归亲近自然的天性。

（4）"红领巾"气象站。关于科技教育，在区科协的协助下，学校建设完成了一个符合国家专业气象站要求的校园气象站，对孩子进行气象观测知识技能的科普培训，为学校多学科的教育教学、学生的科学探究和实践活动提供平台。

（5）小小动物园。学校在校园一角开辟一座小小"动物园"，引进金鱼、鹦鹉、兔子、鸽子等小动物，平时由少科院动物部具体负责管理。

（6）科学试验田。学校在操场西侧开辟一块小小的"科学试验田"。虽然这块试验田规模不大，但是学生们却能"真刀真枪"地参加实践操作，并在劳动中提高了实验观察能力，身心也得到了锻炼。

2. 课程支撑，打造学校核心产品

学校以激发学生热爱数理科学为基点，开发编写切合校本实际的各年级校本读本，构建出多元、多样、多彩的课程体系。数理科学的校本课程更是精心设计，全面实施，形成了"看得见、跟得住、用得上"的设计理念，确立了"培养有数学和科学素养的人"的课程设计目标。例如我们将每节科学课的前5分钟设为"科技万花筒"时间，在这个环节，学生可以讲科学小故事、播报科技类新闻、讲自己的学习体会等，这样既锻炼了学生的口语表达能力，又丰富了学生的科学素养。我们依托数学探究实验室，借助图形计算器，开设部分选修课程，辅助数学教学，把数学做成"看得见的数学"；以全员分层分类走班上课完成"跟得住的数学"；以教师开发课程资源，建设数学校本特色课程构建"用得上的数学"。此外，每学期开设数理拓展课程和数学特色课程，如"物理中的数学""欧拉公式""曲线的极坐标方程"等，这些课程都以"选修课超市"的形式供学生选择。

3. 活动支撑，让校园生活丰富多彩

在主题建设上，我们有计划地开展数理科学专题教育活动、社会实践活动、读报交流评比活动和参加小型数学竞赛等活动。例如每年一届的"数理文化节"就是学校"数理特色教育"大餐中一道独特的"美味佳肴"。我们根据不同学生的年龄特点和思维能力水平层次，开发了低年级"七巧板拼图赛"、中年级"24点抢算赛"、高年级"华容道移图赛"等赛事。"随风潜入夜，润物细无声"，我们要让学生在游戏中获得知识、获得快乐，学会和人交往，学会遵守规则。

4. 社团支撑，促进学生多元发展

学校在抓主渠道的同时，还积极拓展科技教育时空。时间上，从课内拓展到假期；空间上，从学校拓展到社区、家庭。每学期结束前，学校都会在校报上布置学生假期数理科技学习要求，鼓励学生参加一些活动，如阅读、参观、制作、实验、观察等，在新学期开学初，大队部会组织开展假期相关活动成果展示评比活动，以激发学生的兴趣，提高学生的参与度。通过多渠道、多层面的数理科技文化教育，培养学生"爱科学、学科学、用科学"的科学素养。我们利用主题班队会、国旗下的讲话等活动进行科普方面的宣传教育；除了利用校园网、广播站、校电视台、校刊、校报等媒体作宣传外，学校还开辟并布置了科普宣传栏、科技走廊、机器人工作室、劳技室，生态走廊、"动物园"、图书走廊、"科学实验田"、"气象站"等，这些成为学校科技教育、科技活动的小小阵地。有的班级还将"科普"作为班级特色，在班级宣传栏中辟出科普专栏，充分发挥环境育人的功效，以彰显班级数理科普特色，凸显班级数理文化。

我们还将一栋教学楼打造成社团之家活动场所，启动"人人参与社团"仪式，特别是成立了各种数理社团，增加学生的数理体验，推进培养学生的数理创新精神和实践能力。这些社团包括数理兴趣小组、图形计算器应用小组、建模队等，学生参与其中，拓宽了视野，扩展了思维，提高了学生学科兴趣和探究能力。

（二）打造三个理科平台

1. **建设一个展示理科特色的网站**

建设理科网站是打造理科特色强有力的做法，它是交流的平台，更是学习的平台，网站设计可以重点打造几个特色栏目，举例如下。

（1）一战到底：参考游戏软件的分级制度，实行年级积分制。负责人：各年级教师。

（2）名题赏析：分年级名题、中考名题等。负责人：科组长。

（3）数理创客：定期展示交流学生的电子图片比赛作品。负责人：美术科组、数理科组。

（4）国际前沿：介绍理科名人，社会科技发展前沿文章等。负责人：数理科组。

2. **办好一份数理学报**

《数理学报》是及时宣传和推广学校的学术窗口之一，能够从侧面反映学校在理科方面取得的教科研成果。《数理学报》以月刊的形式发表，分为学校发展、教师风采、理科学科动态、学生成长等几个专题，由教科室总负责，具体分学科负责。

3. **每年举办一次数理文化节**

数理文化节是学校每年一次的大型特色文化品牌活动。一般都安排在第二学期 5 月份的一周时间内完成。例如数学学科分成五大板块：第一板块"数学玩乐"，内容有数学谜语、数学诗词、数学名言、数学趣题、猜词秀等。第二板块"故事演讲"，分教师讲和学生讲。第三板块"趣味竞赛"，分口算竞赛、"24 点"赛、数学竞赛等。第四板块"学具制作"，分钟面巧设计、创意七巧板、数位顺序表、制作立体图等。第五板块"编报写文"，包括数学手抄报（纸质和电子两种）、数学名家故事读后感、一节难忘的数学课、令我信服的数学老师等。另外，在数理节上，还有数理表演赛、数理灯谜竞猜活动、数理实验开发、专家讲座等，这一系列活动的开展，加深了学生对数理学科的认识，激发了学生的创新思维。

四、预期特色形成

（一）促进教师发展

数理特色建设激活了教师发展的内驱力。在数理特色建设活动的牵动下，理科教师积极参与特色建设，教学理念、教学能力、教学手段和教学方法不断推陈出新。通过特色创建，教师的精神面貌也发生很大转变，他们迅速成长，在全国、省、市各级各学科的教学比赛中屡获佳绩，喜获各类奖项。

（二）帮助学生成长

随着数理特色的发展，学生的理性思维能力也不断得到提升，更加正确、理性地看待社会、看待生活、看待学习。学科素养普遍增强，不仅知识方面有收获，还形成了学科应有的能力和素养。数理兴趣得到提高，对于学校组织的活动，学生们空前响应，积极参与。同时，学生们能将理性思维应用到各学科，不仅理科，文科方面也得到了提高。

（三）提升社会美誉度

打造数理特色学校，形成学校品牌，扩大了马山头学校在深圳市的影响，为光明区的教育事业创造了新的亮点。

科学与人文是相辅相成的，没有人文的科学是残缺的，甚至是可怕的。我们充分认识到数理特色建设的发展，不能以牺牲学生的人文素养为代价。做强数理，必须要有人文支撑。数理特色建设的核心是要培养人、发展人，特别是培养人的理性精神。但这种精神不是一朝一夕能够形成的，如何通过课程的设计，课程的实施，以及课堂的主渠道来实现，还存在很多问题。特别是文科教学中如何培养学生的理性思维，并形成理性精神，需要我们在未来的实践探索中去解决，形成在时间上经得住考验，在空间上具有深远影响，在内涵上可以挖掘提升的学校特色。我们坚信只要有信心、有恒心、有决心，学校特色之花一定会越开越艳！

　　在所有师生员工的不懈努力下，2022年马山头学校更名为理创实验学校，全面开启培养"追求真理，文理兼容，数理见长，有创新、创造能力"的理创人才的新征程。

第五章　点燃师生激情的火花

德国教育学家第斯多惠曾经说过"教学的艺术不在于传授本领，而在善于激励、唤醒和鼓舞"。作为校长，一方面需要给师生提供发展的平台，另一方面更应该懂得"唤醒"师生努力奋斗的心灵，给他们注入不甘人后，拼搏向上的朝气和勇气，给他们搭建施展平台，有针对性地提升自我。如何激励师生，其实就在于每次的校长发言及讲话。我特别重视和珍惜每一次的发言机会，发言稿都是自己撰写、修改，力争达到激励唤醒师生的目的。

第一节　开学典礼寄语

每年第一学期的开学典礼，作为校长，毫无疑问，都要在隆重庄严的国旗下讲话。这个讲话，其实是校长对本学期（本学年）的希望和要求，是提出奋斗目标和实现目标的途径。学校开办四年多来，我一直坚持讲好开学典礼的发言，通过发言激励师生不断奋进。

风景这边独好，珍惜发展良机
——马山头学校 2020—2021 学年度第一学期开学致辞

尊敬的家长、老师们，亲爱的同学们，

今天我讲话的题目是"风景这边独好，珍惜发展良机"。

风景这边独好，是全世界看中国。新冠疫情肆虐全球，目前，我们深圳的风险已经降到了最低，本学期校内各种教育教学活动全部恢复正常。

风景这边独好，是全中国看深圳。深圳特区成立短短40年，深圳从小渔村发展成国际大都市，敢为人先的创新精神和坚韧不拔的实干精神引领了时代风潮。作为中国特色社会主义先行示范区和粤港澳大湾区核心城市，未来的深圳将更加美好！

风景这边独好，是全深圳看光明。光明区成立两年多来，弯道超车，超常规发展，令全深圳瞩目，目前正全面建设世界一流科学城和深圳北部中心。光明已经来到了深圳乃至全世界的舞台中央。

风景这边独好，也要把掌声献给我们自己。马山头学校开办两年，各年级期末统考成绩均名列全区中上水平，师生参加各级各类比赛获奖频频，首届初三中考成绩一鸣惊人。校曲棍球队十多位同学入选市队，在刚结束的广东省锦标赛上综合成绩全省第一。学校的数理文化特色已成为一张名片。开办两年，学校在社会的知名度和美誉度越来越高，今年小一、初一招生，学校在全区都处于领先位置。硬件设施越来越好，师生的幸福感越来越强。

美好的风景孕育着美好的机遇。我们光明教育人也迎来了职业发展的黄金时期。我希望老师和同学们做到以下三点：

第一，珍惜机遇，努力拼搏。躬逢盛世，是我们的幸运，也对我们提出了更高要求，必须以奋斗者的姿态，做出更多更大的业绩，方能实现人生的升华。每个人都要有质量意识，根深方能叶茂，厚积方能薄发，工作中要坚决摒弃重量轻质、秀而不实的浮夸风气。夯实基本功，打磨好细节，做好每一件事，你的能力会越来越强，离梦想就越来越近。

第二，涵养德行，坚定信念。我们要牢固树立共产主义信念，坚定中国共产党的领导，注重自身品行的养成，用社会主义核心价值观充实自我。同时我们要精心爱护学校的声誉，一所新学校，口碑很大程度上取决于师生的表现，工作、学习上要奋力拼搏，为学校争取荣誉，在校外，要注意个人言行，维护学校形象。

第三，团结协作，勇于创新。团结协作是民族发展的根本，也是一所学校发展的根本。同学之间要团结友爱，杜绝校园欺凌现象；同事之间要团结互助，实现合作共赢。

勇于创新是团结协作的另一面。每个人都有自身的优势和不足，因此，人人都应当有特长意识，扬长避短，充分打造自身的一技之长，提升竞争力。我们学校打造的数理特色，就是培养同学们的创新能力，2019 年我校学生在市、区创客节活动中取得了优异成绩，希望今后同学们都能积极参与，大胆创新。

今天特别要叮嘱初三学子，2021 年中考是深圳市新中考方案实施的第一届，优质公办学位也会大幅增加。新的挑战，新的机遇，一定要全力拼搏，创造佳绩！

十步之内，必有芳草。相信团结奋进的马山头学校定会涌现出越来越多的卓越人才，将学校的发展推到新高度！

绽放个性光芒　共建七彩校园
——2021—2022 学年第一学期开学典礼校长致辞

尊敬的老师，亲爱的同学们：

大家早上好！

经历了暑假的休整，我们重聚在美丽的校园。新学年，有小一、初一两个年级近 600 名新生和 17 位新老师加入我们学校的大家庭，让我们用热烈的掌声欢迎他们！

2020 年，我们学校取得了一系列令人振奋的成绩：多个社团获得国家、省、市、区级奖项，多位教师主持国家、省、市、区级课题，这些都在全区领先。丘燕飞主任获深圳市第四届优秀教育教学成果奖一等奖，全区唯一。王传俊副主任被评为"广东省科技教育名师工作室主持人"，六位老师被评为区级名教师。

学校全面发展，深入推进素质教育，接连被授予"全国家校共育创新实验校""深圳市儿童友好实践基地""名著阅读实验学校""广东省科技创新教育实验学校""小平科技创新实验室示范学校""全国校园冰雪运动特色学校""全国学校心理危机干预能力建设示范校""深圳市中小学消防标准校"等荣誉称号。

2021年学校中考取得优异成绩，全校总平均分达到467.8分（其中体育满分率高达80%），远超深圳市公办高中的最低分数线443分；71%的学生达到公办普高录取线；超过20%的学生被市内名校录取；各科达A率、B＋率均超过全市平均水平。

"金杯银杯不如群众的口碑"。2021年秋季招生，学校的报录比全区最高，被媒体誉为光明招生"最火爆"学校。

让我们把热烈的掌声献给自己！

新学期，新起点，新要求。在此我向大家提出以下要求。

首先，希望全体同学牢固树立爱国、爱党、爱社会主义的思想。中国共产党带领中国人民实现独立自主和全面小康，保障了我们的幸福生活。全体教师要牢固树立为党育人，为国育才的思想。

其次，把握"双减"政策，提高学习效率，发挥个性特长。最近国家出台了"双减"政策，我们将在国家"双减"政策指导下，严格控制作业量，减少考试，减轻同学们的学业负担，实行"5＋2"课后延时服务，每天比以往推迟两个小时放学（即小学18:00，初中晚修至19:30），让大家在学校完成各学科全部（或绝大部分）作业，不额外布置其他家庭作业，保证学生每天有充足的睡眠时间。同时全力打造优质社团和精品选修课程，让大家有充足的时间和精力去发展自己的爱好和特长。

目前学校已经有了良好的基础条件，有了先进的曲棍球场、无人机社团、领先的劳动教育实践基地，还有正在建设之中的"养殖体验区""无土栽培区""数理实验室""智慧图书馆"。音、体、美、信息技术等众多社团的指导教师都有着优秀的专业素养和丰富的获奖经历。文化科目也会开展选修课，由老师带领大家进行更深入、有趣的专业学习。

老师们、同学们，我们的办学理念是"教育就是成就，成就学生，成就教师"。如何成就义务教育阶段的每一个学生，我认为在全面开足课程的基础上，提高课堂教学效率的同时，还要做好两点——让每位同学都感到快乐，让每位同学都能发挥特长，并且这两点是统一的，每个艺术家刚开始都是业余爱好者，快乐的感觉让你选择发展这门特长，学习过程中的每一点进步，每一次收获，都会提升你的自信，让你获得更稳定的快乐，从而坚持走下去，获得越来越大的成就。

最后，我们将严格落实国家"五项管理"工作，做到学生不带手机进校园；严格控制每天每人的作业量；保障同学们每天八小时睡眠时间；坚持落实每天一小时体育锻炼，切实提高学生体质，促进学生健康成长；保证学校有规范、正版、充足的课外阅读书籍供同学们阅读。这五项都是非常重要，也是非常具体的要求，确保我们的学生有充足的体力、精力、时间，有广阔的兴趣，发展个性特长。

同学们，你们都是祖国的未来，生活在全面建成小康社会的新中国，幸逢中华民族伟大复兴的历史机遇。希望大家在全面发展的基础上，充分发展自己的特长，为自己未来的精彩人生奠基。每位同学都绽放出自己独特的光芒，我们学校就会变得七彩绚烂，培养适应未来社会的优秀、快乐、自信的学生，是学校的办学宗旨。新学期，让我们一起努力！

拥抱挑战，成就梦想
——马山头学校 2021—2022 学年第二学期开学校长致辞

刚刚过去的寒假，在党和政府的正确领导下，全国人民都加入了防疫抗疫工作，我们学校也积极响应，众多老师放弃休假和团聚，下沉到社区担任抗疫志愿者，疫情得到有效控制，我们可以顺利开学。在此，我们要感恩自己的祖国，感恩无数为国泰民安做出无私奉献的抗疫志愿者。正如习近平总书记所说："我们所处的是一个充满挑战的时代，也是一个充满希望的时代。"在日本举办的夏季奥运会被迫延期一年的情况下，中国成功控制住了新冠疫情，冬奥会如期举办，开幕式精彩绝伦，中国健儿捷报不断。

冬奥会是中华儿女共同面临的挑战，我们学校也在积极行动。2018 年建校伊始，我们就积极开展冰雪运动项目。四年来，先后获得深圳市、广东省权威赛事冠军，学校被教育部授予"全国校园冰雪运动特色学校"荣誉称号。

直面挑战，拥抱挑战，克服未知的困难，云开雾散时，便会发现风景这边独好。

上学期，学校迎来了一场"大考"——深圳市义务教育阶段学校办学水平评估。全校师生以评估为机遇，认真查漏补缺，展示了良好的精神风貌和优秀的教育教学水平，得到了评估组专家、上级领导和家长们的高度评价，为学校今后的发展奠定了坚实基础。

特色发展是学校的另一场"大考"。我们将数理教育作为学校的办学特色，经过三年努力发展，学校先后被授予"广东省科技创新教育实验学校""小平科技创新实验室示范学校""深圳市儿童友好实践基地"等荣誉称号。

新学期，深入推进"双减"政策是我们必须应对的挑战。我向全体教师、学生提出以下要求。

全体教师首先要做到课堂教学提质增效，课前加强教研，课堂精讲多练，提升有效性；其次要创新作业设计，作业减量的同时，提升趣味性和针对性；最后要重视各种教学技能比赛，在比赛中提升业务能力，为学校争取荣誉，推动个人职业发展。

"双减"也是同学们的机遇。现在体育活动多了，时间长了，要积极参与阳光体育，不断提升身体素质；学校的社团越来越多，也越来越成熟，希望同学们充分利用机遇，选择合适的社团发展特长。当然，学习依然是我们最重要的任务，在认真听课、做好作业的基础上，还要不断总结学习方法，积极地向老师、同学请教，更主动、从容地学习。刚结束的初三一模，学校取得了非常优异的成绩，希望初三年级全体同学再接再厉，做好最后一学期的冲刺，在2022年中考中创造新的辉煌！

暮色苍茫看劲松，乱云飞渡仍从容。建校四年来，我们不断遇到新的挑战，全体师生团结一心，迎难而上，深入推进高颜值、高质量教育。新学期，"双减"春风劲吹，希望大家拥抱挑战，成就梦想。

五年再出发，理创新时代

——理创实验学校2022—2023第一学期开学典礼校长致辞

尊敬的各位老师，亲爱的同学们：

大家早上好！

今天我们全校师生聚集在线上，隆重举行理创实验学校2022年秋季开学典礼。我谨代表学校党支部、全体行政向本学期新加盟我校的28位教职工，小一、初一600位新生及27位插班生表示热烈的欢迎！

新学期学校全面启用"深圳市光明区理创实验学校"作为新校名。"理创"指的是"追求真理、文理兼容，数理见长，创新创造"，响应了习近平总书记"教育要培养高素质、高层次复合型人才"的号召，这与我们学校的数理文化特色相契合，标志着我校经过四年的发展实践，迈上了新台阶。

岁月不居，天道酬勤。在全校师生员工的共同努力下，学校各项工作稳步推进，教学质量稳步提高，2022年中考又延续了辉煌成绩。

2022年中考参考人数199人，129人被公办高中录取，录取率达65%，大大超过深圳市公办高中的平均录取率52%，各学科指标均超过深圳市平均值。中考最高分583分，列光明区第三名，2人被深圳中学录取，5人考取深圳"四大名校"，20人被深圳市"二十大名校"录取，公办学校上线率达87%。这些成绩的取得离不开上级部门和社会各界的大力支持，离不开全体教职工的共同配合，特别是初三全体教师的勠力同心，努力拼搏。在此我代表学校领导班子向不怕辛苦、呕心沥血的初三全体教师表示最衷心的感谢！

暑假期间，我校多个社团不畏酷暑努力坚持训练，奔赴全国各地参赛，捷报频传。

在2022年深圳市曲棍球锦标赛中，学校曲棍球社团荣获女子甲组冠军、男子乙组亚军、男子甲组季军及女子乙组第四名，获得团体总分第二名及体育道德风尚奖，徐春梅老师被授予"优秀教练员"称号。

健美操社团出征广东省健美操锦标赛，获得预备组混双第一名和第二名；预备组杨盛山获男单第二名；预备组三人操分获第二名和第三名；徒手健身操舞（12人）获得二等奖，轻器械健身操舞（12人）获得第四名。

无人机社团参加"2022年深圳无人机精英赛暨第二十三届'飞向北京-飞向太空'全国青少年航空航天模型教育竞赛活动（无人机项目）深圳选拔赛"，6名现场参赛队员均获一等奖，线上和线下赛事共计获奖58人次。

2022年是我校建校第四年，我想借这个机会和大家分享几个建校的故事。

第一个故事，大家都知道我们学校著名的劳动实践基地。刚开始运营的时候，我发现了一个奇怪的现象——这里的庄稼成熟特别快。因为我以前也种过地，感觉这里的庄稼只需要外面一半的时间就可以成熟。后来查阅了相关资料，认真思考才解决了这个疑惑——庄稼成长需要的是充足的阳光、水分和营养，我们的劳动实践基地能够提供最好的条件，所以成长速度就更快。

人的成长亦是如此，不同的环境发展速度也不一样。学校把办学理念定位为"教育就是成就，成就学生，成就教师"，给师生发展创设最好的教育设施，最优的平台，最理想的条件。办学这几年，理创实验学校培养出国家级专家1名，省级专家2名，省级名师3人、市级名师2人，区级以上名师39人，青年教师参加市区级各类比赛，获一等奖、二等奖近百人；学生综合素养不断提升，学习成绩进步神速，特长得到充分发挥。学生参加各种比赛和评比，获得国家级荣誉5项、省级荣誉30项、市级荣誉342项、区级荣誉253项。古人讲"一寸光阴一寸金"，希望全体师生珍惜时间，抓住机遇，在理创实验学校实现快速发展。

第二个故事，从学校大门进入校园后，两侧各有四棵很茂盛的大树叫作南洋楹，这些树是建校时移植过来的。第二年，好几棵树的叶子黄枯，看上去好像要死了，然后过了一年后，这些树又重新绿了起来，长得愈发茂盛。原因是这些树种下的时候根被削掉了，刚扎根的时候汲取不到足够的养分，叶子就开始黄枯，等它们真正扎下根，就开始蓬勃生长。

我们很多师生也是如此。刚进校时，一切都是新鲜的，干劲十足，过段时间自我成长陷入瓶颈，很苦恼、彷徨。这时，最好的也是最根本的解决办法就是沉下心来，融入学校文化，努力在学校扎根。等你真正融入学校，也就迎来了自己最稳健、最快速的发展阶段。不经一番寒彻骨，怎得梅花扑鼻香，人最痛苦的就是扎根阶段，当然收获最大的也正是这个阶段。

第三个建校故事是学校的周边环境。刚建校时，校门口的龟山公园经常发生滑坡，学校后面的马田路堆满了建筑垃圾，比学校的围墙还高，唯一的交通干道振兴路还没通车，另外进学校的路口也还没有开通。外面人打车找不到学校的位置，自己人开车进不来学校。后来我们千方百计，向上级汇报，找相关部门寻求帮助，结果很快问题就得到了解决。如今，校外交通环境得到了很大改善，还成为学校的发展优势，校内建设也日益完善，被誉为光明区最美校园。这告诉我们，任何困难都需要我们动脑筋、想办法去解决，不能靠等。樱桃好吃树难栽，美好的生活也需要我们努力创造。我们的校训"明理诚信，睿智笃行"就是告诉我们遇到困难时，要善于想办法解决，要踏踏实实践行所学。希望我们一起努力，让学校变得更好！

好风凭借力，送我入青云。2022 年是党的二十大召开之年，也是学校开办的第四年，2023 年将举行五周年校庆。光明区在"双区叠加"之际，全面开启教育现代化建设新征程，推动教育高质量发展。站在光明区教育快速发展的关键路口，我们必须趁着东风主动适应新形势，融入新格局，抢抓新机遇，以优异成绩回馈社会，为学校五周年校庆献礼！

抓住机遇，精准发力，实现高质量发展
——2022—2023 学年第二学期开学典礼致辞

首先祝贺大家度过了一个热闹、喜庆的春节，2023 年，春节年味十足，我们的年假也比往年更长，让我们可以充分积蓄能量，振奋精神。

本学期，我们的关键词是高质量发展，这是全国、全省上下的一致要求，也是学校的内在需要。经过近五年的快速发展，理创实验学校取得了令外界瞩目的成绩：我们的校园被外界誉为光明区最美校园；招生报名人数连续两年都是光明区"最火爆"；我们的学生获得国际荣誉 3 项、国家级

荣誉 5 项、省级荣誉 30 项、市级荣誉 342 项；我们的老师有国家级专家 1 人，省级专家 2 人，市级名师 4 人，区级名师 7 人；我们的中考、统考成绩也在连年攀升。我们坚持的数理文化特色不断成熟，享誉市内外，成为学校的标签和名片。

成绩来之不易，在 2023 年办学五周年庆典到来之际，我们要充分用好既有资源，提升内涵，打造特色，走高质量发展路线。

新学期，我们将重点做好以下工作。

第一，科学谋划，筹备好建校五周年庆典。我们将利用建校五周年的机遇，充分总结办学经验，为今后的进一步发展指明方向；举办多种形式的庆祝活动，充分扩大学校影响；全面落实理创特色课程，为今后的特色发展奠定基础。

第二，争分夺秒，把受疫情造成的损失夺回来。本学期，我们会举办多场大规模活动，让同学们玩得尽兴！首先是大家期待已久的运动会和艺术节闭幕式，其次是每年一届的数理文化节，我们将高效组织，合理安排，让同学们积极参与更多的体育锻炼、艺术熏陶、科技发明、数理活动；我们还会加强社团建设，让大家在延时服务中享受更好的个性特长教育；我们还将举行各年级的理创班实验，让更多优秀的同学脱颖而出。

第三，踔厉奋发，用优异成绩塑造品牌。本学期，首先是初三年级要做好中考备考工作，争取中考成绩达到新高度；其次各个年级要深入落实"双减"政策，提高教育教学质量；学校会大力支持学生、老师外出参赛，希望大家踊跃参加，刻苦训练，争创优异成绩，向学校五周年献礼。

第四，抢抓机遇，高质量发展自我。我们的教育教学均受疫情影响，同学们上课，基本上是线上线下课程交替进行，考试测验都很难保证。现在终于重新步入正轨，我们要抓住机遇，精准发力，刻苦学习，勤勉工作，努力提高自身的学业成绩和工作效率，实现自我的高质量发展。

最后祝大家在新学期，身心健康，工作顺利，学业进步。

第二节　毕业赠言

作为校长，每年都为有这个毕业典礼致辞的机会感到激动，每个校长都有不同的方式，也会提出不同的要求。我作为"菜鸟"校长，虽然年限不长，对学生讲话的机会不多，却是真诚之至。以下选取部分发言，以表达我对学生的殷殷期望。

永存感恩之心，保持奋斗激情
——2020年马山头学校小学毕业典礼致辞

我现在的心情很纠结，一方面为你们顺利毕业，即将踏入中学校园而感到高兴；另一方面，为大家即将离开马山头学校而依依不舍。

大家初来马山头学校之时，学校刚刚创建，大家都亲眼见证并参与了创建的过程，这个过程充满了艰辛和痛苦，最终收获了辉煌和喜悦。现在我们的校园被誉为光明区最美校园，教学成绩节节攀升，外出比赛屡屡获奖，中央电视台、人民日报、中国教育报纷纷报道我校的发展成就。

临别之际，我送大家一句话"永存感恩之心，保持奋斗激情"。一个人懂得感恩，内心就会充满温情，可以更好地融入社会，实现自身价值；懂得感恩，才会明白一切来之不易，想要提升自身价值，必须通过奋斗，而不是跟别人索取。

大家首先要感恩自己的父母。他们把我们带到这个世界，抚养我们长大，我们的一切来源于此。对父母都不知道感恩，对世界肯定没有感情。

其次要感恩我们的老师。你们的每一点进步，都凝聚着老师的心血，你们每一天安全舒适的生活，都离不开老师的精心呵护。尤其是2020年这个特殊的年份，为了能够保障你们顺利完成学业，所有老师每天都在超负荷工作。我提议，把最热烈的掌声，献给你们的老师！

最后要感恩母校。我们的教学条件在全国乃至全世界都是领先的，我们的老师都是从全国各地选拔的优秀的教师，我们的教学质量也是有目共睹。你们的两位学姐吴宜轩、龚纯荟，2019年升入本校初中，在初一全区统考中进入前十名。全区20多所初中，6 000多名考生，上一届六年级两个班的毕业生就贡献了两个前十名，相信你们这届可以做得更好。

家长、老师、学校不惜代价培养你们，是希望你们努力奋斗，学有所成，不断提升自身价值，将来成为对社会有用的人才。你们今后的人生会不断遇到风雨挫折，希望你们记住，家和母校是永远可以接纳你、帮助你的港湾，你们可以在这里积蓄力量，重新再出发。

惟有奋斗，可以改变命运，家和母校会一直默默守候你们，随时为你们充电。请你们勇敢地迎接新生活的挑战！

用感恩激励奋斗，用底线约束自我
——理创实验学校2022届初三毕业典礼校长致辞

在这里我要首先祝贺初三年级的全体老师和同学们，在2022年的中考中取得了优异成绩！相比上一届，我们这一届中考的各项指标都有了明显提升。让我们把热烈的掌声献给自己！

与往年相比，这一届的毕业典礼我尤感亲切，因为我不仅是你们的校长，也是你们的老师。从初二开始，我坚持数学培优课的教学，效果非常明显，这届数学Ａ＋人数比上一届增长了一倍。

作为校长，我自认为很好地承担了对你们的责任，你们的中考成绩远远超出了入学时的水平，综合能力也有了全面提升。作为长辈和老师，我对你们今后的发展提几点建议。

首先，要有奋斗意识。四十多年前，深圳只是一个小渔村，如今已经是全国最具活力的城市，成为极具影响力的国际大都市，靠的就是一代代深圳人不甘平庸，努力奋斗。我们学校第一届招生断档，从民办学校调剂，第一次参加全区统考倒数第一，经过四年的不懈奋斗，最近两年招生人数在全区最火热，成绩领先全区。我们同学今后也要有这种坚韧不拔的拼劲，用奋斗改变命运。

其次，要有感恩意识。我们讲感恩，不是抽象的思想，也不是口头的承诺，而是体现在一件件事情上。深圳的节奏非常快，社会越来越复杂，每个人都是在别人的帮助下不断前行。很多事情做起来很累，想到外界给自己的恩惠，就能克服思想压力，脚踏实地去落实；与人相处时遇到委屈，想到感恩，也就缓解了压抑的情绪。短期的花言巧语或许能占一些便宜，其实透支的是长期的信任，要抱着扎实的作风去做事，用感恩和真诚的态度去待人。

最后，要有底线意识。一是不犯法，大家关注新闻就知道，经常有大领导、大富豪、大明星因为违法犯罪被抓，中国的法律越来越完善，用违法手段获得的成功，往往会反噬自己，大家一定要敬畏法律。二是不作恶，古人讲"害人之心不可有"，不只是劝善，也是教我们自我保护，不要为了一丁点眼前利益，就想着坑害别人，社会上很多的恶性事件，受害者都是因为害人遭到报复。君子坦荡荡，原因就是做人光明磊落，内心非常自信。我希望我们教出来的学生都能规规矩矩、堂堂正正做人。

你们的青春刚刚开始，拥有无数的机会，无限的可能性。今后，你们的自由会越来越多，承受的压力也会越来越大，这就需要你们加强自我激励、自我约束。希望你们牢记"明礼诚信，睿智笃行"的校训，走好人生每一步。

第三节　重要活动致辞

我国著名教育家陶行知先生提出了"教育即生活，社会即学校，教学做合一"。作为一所九年一贯制学校，学校每年都会举办全校性的运动会、艺术节等活动，这样的场合校长发言往往也是必不可少的。我对此项工作高度重视，只要没有特殊情况一定参加，发言稿也坚持自己写和修改。因为，只有在这种场合，才能够把校长的办学理念、期望告诉孩子们，激发他们参与的热忱，鼓舞他们不断彰显特长，让他们明白有特长，全面发展才是一个人义务教育阶段的发展目标。因此，每次发言我力求言简意赅，以下选取部分发言供读者斧正！

谨记使命　严于律己　做青年人的表率

——2018 年马山头学校第一届团委会成立大会校长讲话

在上级党委的正确领导、上级团委的悉心指导下，在学校团委、德育处的精心策划和周密安排下，我校青年团员通过选举，产生了第一届团委，这是全校师生政治生活中的一件大喜事。在此，我代表学校党支部、全体行政对第一届团委会的成立表示热烈的祝贺！看着你们宣誓的样子，我的心情也十分激动，仿佛又回到了中学时代。中学时代是人生中最美好的时光，也是人生成长中最关键的时期。学生会、团委会是一个群体组织，是学生自主管理机构，是联系学校与学生的桥梁和纽带，更是学生参与学校管理，提高自我管理，联系服务同学，锻炼实践能力，提高综合素质的重要途径。

我想对第一届团委会提三点要求。

第一，准确定位，明确职责。团委会实行"自我服务、自我教育、自我管理"，是广大同学锻炼自己、奉献他人、全面提高自身综合素质的平台。我们每一位团委会、学生会的成员都要充分认识到，学生干部不是管理者，而是学生的骨干、学生工作的组织者，更是为同学们服务的志愿者。我们所做的一切不是为了谋求个人利益，而是为了在服务工作中使自己的能力得到锻炼，尽快成长、成熟起来。希望各班级的班委会和团支部积极支持和维护学校学生会和团委会的工作，学生会和团委会干部也要加强沟通协调，自觉服从学校整体领导，服从团委德育处及对应各部门指导，积极做好工作，发挥应有作用。

第二，严于律己，全心全意为师生服务。各位团委会干部们，你们是学校全体同学推选出来的佼佼者，是落实学校各项活动的排头兵。你们的一言一行都受到全体同学的关注。希望团委会干部从自身做起，严于律己，自觉遵守法律法规，增强法律意识，遵守校纪校规，遵守社会公德。你们要成立学生社团，组织同学们开展丰富多彩、生动活泼的文艺体育活动、社会实践活动、志愿服务活动等；要培养诚实守信、自尊自强的优良品德，讲究文明礼貌，增强劳动观念，促进身心健康；要树立马山头学校的良好形象，做有理想、有道德、有文化、有纪律的一代新人。

第三，正确处理学习与工作的关系。学生的本分是什么呢？是学习。当然，这里所讲的学习是广泛的，我们学生的学习主要是科学文化知识的学习和思想道德的学习等。学生干部的使命是什么呢？是紧紧围绕促进学生学习这个中心，牢牢抓住学习成才这根主线，协助老师，带领同学，服务同学，为学校的稳定、发展和建立优良的校风学风作出自己的贡献；同时，提高自己的综合素质和能力，在工作过程中学会做事，学会做人，学会做干部。要通过团委会的工作来培养锻炼大家的实践能力和领导能力。

同学们，今天马山头学校为你提供发展的平台，你以马山头学校为荣；明天，你成就了伟业，成为璀璨的明珠，马山头学校将以你为荣。

同学们，我相信，有大家的努力，有学校的支持，马山头学校第一届团委会一定会呈现出勃勃生机与活力，成为马山头学校校园里一道亮丽的风景！

一年级入队仪式讲话稿

今天我们在这里欢聚一堂，举行"我自豪，我是红领巾！"一年级入队仪式。刚才，少先队员们一起分享了成长的喜悦，重温了入队誓词，一年级的小朋友们戴上了期待已久的红领巾，我代表全校的师生向你们表示衷心的祝贺，你们长大了！

我提议，让我们把最热烈的掌声献给自己！

《中国少年先锋队队歌》唱道"少先队员是我们骄傲的名称"，从今天起，我们不仅要以少先队为豪，更要让少先队以我们为豪，严格自律，积极进取，做一名德智体美劳全面发展的好少年。

我们具体该做哪些事情呢？

首先是认真落实少先队的作风——诚实、勇敢、活泼、团结。对父母、老师、同学都要讲真话，诚实守信；要勇敢面对困难和挑战，锻炼自己的意志品质；积极展示自己的才华，保持乐观开朗的心态；个人要服从集体，与伙伴们和睦共处。

其次是要有远大的理想。少先队的口号是"时刻准备着"，每个少先队员都要准备着，为共产主义事业而奋斗。我们现在的幸福生活是无数革命先烈用鲜血换来的，虽然我们的国家发展取得了很多傲人的成绩，但是依然有很多需要完善、突破的领域。这就等着你们这代人茁壮成长，成为国家栋梁，来全面实现中国梦。

我也诚挚地希望辅导员们一如既往，把爱心和热心献给孩子，把智慧献给红领巾事业，做少先队员的亲密朋友和指导者。

少先队员们，你们像一朵朵含苞欲放的花朵，祝你们在美丽、温馨的校园里全面绽放。愿你们在旗帜的指引下茁壮成长！

以梦为马，梦想启航
——2018 年马山头学校首届校园文化艺术节闭幕式致辞

今天，我校为期两个月的首届校园文化艺术节，伴随着精彩的文艺汇演即将落下帷幕。请允许我代表学校党支部和全体行政人员对本届文化艺术节的成功举办表示热烈的祝贺；向百忙之中接受邀请、莅临我校指导的各位家长朋友表示热烈的欢迎；向在艺术节中作出贡献的各位老师、涌现出的许许多多优秀而富有才气的同学们表达最真挚的祝愿和衷心的感谢！

本届"以梦为马，梦想启航"校园文化艺术节，是我校开办的第一届全校师生的盛会，也是同学们展示才华、放飞梦想的绚丽舞台。我校师生通过校园才艺大赛、校歌班歌合唱大赛、美术绘画等活动，全面营造了高雅的校园文化氛围，集中检阅了我校教师短时间艺术教育的成果。我校学子在本学期参加的市、区级艺术活动中，获得深圳市学生英语课本剧剧本二等奖与课本剧录像二等奖、光明区首届学堂歌校歌班级合唱比赛二等奖、光明区第三届校园歌手大赛第十名等好成绩，同学们的美术佳作也捷报频传。艺术节虽然是在一个有限的时间段和空间内开展的，但艺术的热情是高涨的，艺术的空间是广袤的，文化的魅力是无穷的。

我校秉承着"明理诚信、睿智笃行"的校训，着力打造"数理特色"，但我们更重视学生的全面发展、个性培养，真正落实"为培养适应未来发展的优秀公民奠基"的办学理念。所以，建校第一年，我们就举办校园文化艺术节，旨在培养同学们的艺术兴趣和修养。两个多月的校园艺术节，我们看到许多学生、班级精彩的才艺展示，奋发向上的班级凝聚力，校园处处歌声嘹亮，舞姿蹁跹。

今天校园文化艺术节的帷幕即将落下，但校园内洋溢着的青春朝气与艺术芬芳将继续绽放。我希望大家继续发扬在本届艺术节中表现出来的团队精神和敬业精神，以创新的姿态迎接挑战，用精湛的水平书写人生华章。期末将至，希望同学们能带着从艺术节中激发出来的灵感与热情，投入紧张的复习与迎考之中，认真钻研，刻苦学习，积极上进。我相信，即将开始的文艺汇演，大家一定会用豪迈的歌声、优美的舞姿、青春的活力演绎属于你们的精彩！

在此，预祝今天的文艺汇演圆满成功！

2019 的钟声即将敲响，在此提前祝大家新年快乐，身体健康，家庭幸福！学业工作顺心如意！也祝愿我们学校的明天更加欣欣向荣，蒸蒸日上！

奏梦想神曲，扬骐骥奋蹄
——2020 年马山头学校第三届艺术节闭幕式发言

为期近一个月的马山头学校"奏梦想之声，展骐骥之跃"第三届艺术节，经过初赛、复赛、决赛，今天就要正式闭幕了。我谨代表学校党支部成员、全体行政人员，对参与艺术节比赛组织和排练的老师、同学、工作人员表示衷心的感谢！你们的辛勤付出保证了本届艺术节的高质量高水平开展。同时向获奖的学生及集体表示热烈的祝贺！

校园艺术节给同学们提供了一个施展才华、张扬个性的舞台；给同学们提供了一个舞动青春、炫出精彩、燃烧激情的机会。通过艺术节，一个个才华横溢的同学脱颖而出，展现出了极大的创造力和艺术天赋。学校自开办以来，坚持培养学生德智体美劳全面发展，特别是艺术教育，从开办之日起，就高标准规划，高标准建设。目的就是要提高同学们的艺术素养和天赋，张扬同学们的个性，培养同学们欣赏美、创造美的能力。开办近三年，我校学子艺术素养快速提升，参加艺术社团人数、项目不断增加。特别是本学期以来，我校学生社团外出比赛喜讯不断，健美操、艺术体操、曲棍球、无人机、信息技术、美术、田径等社团在国家、省、市、区级比赛均获得优异成绩，不断提升学校的知名度和美誉度，让我们为他们的精彩表现表示热烈祝贺！

我们可以看到，学生社团获得的荣誉级别和含金量越来越高，获得荣誉的社团也越来越多，说明我们同学们的专业水平越来越高，参与的社团活动也越来越多。"宝剑锋从磨砺出"，这些获奖的同学都有一个共同的秘诀，就是勤学苦练。我们的学风是"哲思、务实、致远"，具体到个人才艺的开发，每位同学都要认真发掘自己的特长项目，科学规划时间，脚踏实地，持之以恒地完善、提升自己，你们就会离远大理想越来越近。

同学们的任何进步都凝聚着指导老师的心血和学校的大力支持。同学们开展社团活动的时候，一定要认真遵守学校的各项规定，服从老师的安排。在校内外都要努力做好表率，维护学校声誉。我们全体社团指导老师也要再接再厉，以先进社团为榜样，深入钻研，科学规划，扎实训练，不断创造新的辉煌。同时，学校也会不断完善社团训练条件，加大奖励力度。

爱因斯坦说过："在技艺达到一个出神入化的地步后，科学和艺术就可以很好地在美学、形象和形式方面结合在一起。伟大的科学家也常常是伟大的艺术家。"爱因斯坦的相对论大家耳熟能详，他的音乐天赋也是众所周知的，爱因斯坦的儿子汉斯说："与其说我的父亲是物理学家，不如说他是一位艺术家。"科学提升素养，文化铸就气质，艺术陶冶情操。运动会、艺术节、数理文化节虽然是在一个有限的时间段和空间内开展的，但运动的热情是高涨的，艺术的空间是广袤的，文化的魅力是无穷的。同学们，让我们带着欣赏的眼光、创造的激情投入今后的学习生活，用运动塑造我们健美的身材，创作出更多的艺术作品，让高雅艺术成为校园一道靓丽的风景线！

本次艺术节闭幕式汇演，音乐老师们早就开始筹备，每个节目都精心打磨，多次排练，充分体现了马山头人精益求精的工作态度，让我们拭目以待。最后，预祝本次艺术节闭幕式取得圆满成功！

深入落实"双减"政策，全面提升学生素养

——2021年马山头学校第四届艺术节闭幕式校长致辞

马山头学校第四届艺术节闭幕式暨文艺汇演即将开始，我谨代表党支部成员、校行政工作人员向参与艺术节筹备工作的工作人员表示衷心感谢！你们的辛苦付出保障了本届艺术节的顺利举办。

向参与表演的老师、学生表示衷心祝贺，你们高水平的表演给全校师生留下了深刻印象，也将永久留在马山头学校的记忆里。向观看直播的兄弟学校老师、学生表示热烈欢迎！你们的关注是我们高水准办好艺术节的重要动力。

马山头学校高度重视学生的全面发展，创办40多个学生社团，全面拓展学生的综合素养，每年开设体育节、艺术节、六一节、数理文化节等大型活动，为学生创设展示个人才能的舞台。

随着"双减"政策的深入贯彻，我校体艺工作有了更大的突破。学生社团覆盖面更广，新成立一批专业社团；老师、学生外出参赛喜讯不断，在省、市、区级比赛中均取得多项优异成绩；组织大型活动更加成熟，体育节、艺术节、办学水平评估文艺汇演等都获得了校外专家和本校师生的一致好评。

本次艺术节覆盖面广，水准高，一到八年级所有班级、所有的艺术社团都有参与，涌现出了一批优秀节目。我们的老师、家长观摩后，都通过各种渠道表达了欣喜之情。

本次文艺汇演是艺术节中选拔出的优秀节目的集中亮相，代表了我校艺术教育的最新动态和最高水平。全体演出人员和相关指导教师对节目精心打磨，付出了心血，预祝他们为我们奉献一场精彩的演出！

艺术节闭幕式是一个终点，更是起点。希望全体师生密切关注我校的艺术教育，你们的加油喝彩就是他们奋斗的动力；希望全体艺术社团的指导老师和学生，积极和校内外高水平同行切磋交流，反思自己，进一步提高水平，实现新的突破；也希望兄弟学校的师生，多提意见，帮助我们提高，多开展艺术教育交流，携手进步。

2021年第三届数理文化节开幕式致辞

春光绚烂，马山头学校第三届数理文化节在这个美好的季节如期而至。在这里首先要感谢参与数理文化节筹备的所有老师和工作人员，你们的精心准备和无私奉献确保了本次数理文化节顺利开幕，让我们把掌声献给他们！

我校在建立之初就确立数理文化特色作为办学特色。这个特色顺应了光明区打造世界一流科学城的时代潮流，同时也是对教育规律的充分把握和运用。

我们课堂上学习的是抽象的知识，通过数理文化特色课程我们可以探究数学和理科知识在生活中的应用。学校每年开展数理文化节，出版《数理学报》，建成数理文化大厅，开设"steam""奇思妙想""国际象棋""围棋""玩转科学""VR教学"等数理特色课程。

经过三年的发展，我校数理文化教育取得了丰硕成果。无人机社团先后获得粤港澳大湾区冠军和深圳市精英赛冠军；信息技术社团获得全国二等奖；我校学生参加市、区创客节荣获十多项一等奖；学生参加深圳市国际象棋赛事获得多个级别优异名次。我校老师主持数理教育相关国家级课题2项、省级课题3项。学校被评为广东省科创教育实验学校。

数理文化教育首先是培养学生的理性思维、逻辑思维能力和理智的情感；其次是培养学生的创新能力，数理文化节就是同学们展示创新成果的舞台。本次数理文化节的理念就是把舞台全部交给学生，让学生尽情释放科创才华！

本次数理文化节将持续两周，在第二周我们会举办教学开放日，让家长和社会各界来观摩我们独树一帜的数理文化和常规课堂教学。

最后预祝本次数理文化节圆满成功！

2021年第三届数理文化节闭幕式致辞

一年一度的数理文化节暨教学开放日顺利结束了。在此，我代表党支部、校行政班子向莅临本次活动的家长和外校来宾表示诚挚的感谢，感谢你们一直以来对马山头学校的关心和支持！对组织和参与相关活动的老师表示衷心的慰问，你们的辛勤付出确保了本次活动的高质量推进！对获奖的同学表示热烈祝贺，希望你们再接再厉，取得更大成绩！

本次数理文化节闭幕式与教学开放日合并在一起，是为了响应光明区高质量发展号召，集中展示我们的"高颜值"校园和高质量办学水平。我们的校园经过三年建设，"颜值"不断提升，硬件设施和校园文化建设都日益完善，被各级媒体争相报道并且赢得社会各界的广泛赞誉。

高质量办学首先体现在教学质量上。学校一线教师均为重点大学毕业，30%以上教师拥有研究生学历。学校率先在光明区开展分层教学，经过两年多的实践，取得显著成效。首届中考成绩优异，总均分和各科优良率都名列全区前茅；2021届初三参加市一模均分全区第二，优秀率全区第三；小学各年级参加全区统考，均分、优秀率都领先全区。

随着办学水平的提升，我们各项工作不断受到上级部门和社会各界的肯定，学校被授予"深圳市儿童友好实践基地""广东省绿色校园""广东省科技创新教育实验学校""全国家校共育创新实验校""全国学校心理危机干预能力建设示范校""人民教育出版社名著阅读教学实验校""深圳市中小学消防示范校""全国校园冰雪运动特色学校"等荣誉称号。

今后我们将坚持高质量、"高颜值"、特色办学，全力推动学校跨越式发展，用优异成绩回报家长的信任和社会各界的支持，做不负光明教育的追梦人！

2022年第四届数理文化节开幕式校长致辞

第四届数理文化节今天正式启动。在此，我向辛勤参与筹备的老师、学生、工作人员表示衷心的感谢！你们的默默奉献保证了数理文化节的顺利开幕。

2022年的数理文化节是复学以来我校的第一次大型活动，体现了学校的高度重视。学校对数理文化特色的重视，源于国家对数理教育的高度重视。

近期国家先后发布了多项加强数理教育的举措：全国中小学开设"人工智能与大数据"课程；教育部举办的全国性中小学竞赛中，数理相关学科占了比赛项目一多半；2022 年教育部新增的 31 个本科专业中，有 16 个都是数理相关学科。可以说，数理基础是学生适应信息化社会的有力支撑，有助于我们在高水平竞争中脱颖而出，为将来的学业发展奠定扎实基础。

经过四年的发展，我校的数理文化特色教育已呈现高品位、立体化、全覆盖的喜人态势。学校被授予多项荣誉称号，无人机社团、信息技术社团参加国家、省、市级比赛屡获佳绩，多名学生的发明获得国家专利，我校老师主持国家级、省级数理特色课题 5 项；学校打造了数理文化大厅、数学实验室、信息技术实验室、科学实验室、劳动实践基地、养殖基地、气象站等硬件设施，举办了数理文化节、评选"数理小院士"等特色活动，创办了《数理学报》，开设了数理特色课程、劳动实践课程等，建成 48 个特色社团，学校全面推进数理文化建设，并覆盖到每一名学生。

本届数理文化节，我们把舞台留给学生。希望同学们多动手体验科学发明；积极参加比赛，在竞争中寻找乐趣；加强跟同学、老师、家长的合作，使之明白科学发展不是单打独斗，而是协同合作，取长补短。

有光才有生命，人类的生存需要光，科学的进步也离不开光。希望大家像飞鸟追逐光明一样，怀着伟大的科学精神，奔赴光明的未来，让生命绽放得更加绚丽！

最后，祝本次数理文化节顺利闭幕！

2022 年第四届体育节暨田径运动会致辞

马山头学校第四届体育节暨田径运动会如约而至。在此我谨代表党支部成员、校行政工作人员向辛勤筹备运动会的教师、工作人员、家长义工表示衷心的感谢！正是你们默默无闻的辛苦付出，无微不至的后勤保障，使得运动会能够如期举行。

本学期是"双减"政策落地后的第一个学期，学校高度重视学生体育锻炼，每天开展"阳光体育一小时"活动，提升全体学生的身体素质；开办 10 多个体育社团，充分开发大家的体育特长，并取得了可喜的成效。刚结束的小一、初一广播操比赛，动作规范，内容精彩，受到了家长们的一致好评。

本学期，马山头学子外出参加体育比赛喜讯不断，获奖频频。曲棍球社团获得广东省青少年锦标赛冠军；健美操、艺术体操社团在市运会获得优异成绩；田径社团在区运会获得优异成绩；篮球、足球、跳绳、拉丁舞社团也都有出色表现。让我们用热烈的掌声对获奖的学生和指导教师表示祝贺！

阳光体育的锻炼是为提高我们的身体素质，所有同学通过整齐划一的锻炼，增强自身体质。而运动会则是进行拔高，每位同学都发挥自己的强项与对手展开竞争，体验"更高、更快、更强"的奥林匹克精神，希望大家踊跃参加。

同时我也向大家提几点要求。

首先，参赛的运动员如果出现不舒服的情况，要立即停止比赛，告诉赛事工作人员。也希望老师、家长义工全程关注学生的身体状况。

其次，希望全体同学文明参赛、文明观赛，严格服从赛事纪律，服从老师的管理，展示出马山头学校的精神风貌。

最后，希望全体裁判员和赛事工作人员秉承人文关怀精神，在赛场设置、赛事执法中，保障学生安全、有序地参加比赛。

2022年的赛事不邀请任何嘉宾，让同学们作为主角尽情释放自己的个性和才华。我们全体老师和家长义工都会全力服务你们，支持你们。祝你们取得优异的成绩！

祝本届运动会取得圆满成功！

第四节　做好规定动作，迎接实体开学

为迎接实体开学的到来，马山头学校精心筹划，周密部署，目前已经做好各项筹备工作，通过了上级教育主管部门的验收。

我们的工作简单用两句话概括就是"规定动作不走样，自选动作添惊喜"。在规定动作方面，我们主要落实以下几点。

一、打通线上线下，做好教学衔接

空中课堂开展以来，学校举行了各种形式的调查问卷，征求家长、学生的意见，及时调整教学安排，保证教学的有效性；疫情期间，及时将新学期教材邮寄到学生家中，为全体教师和部分有困难的学生购置摄像头、电子白板等，以保证教学硬件条件；在全校开展空中课堂优质课大赛，提升网络教学质量；学校举行了网络教学阶段性质量检测，根据检测出的问题，及时进行调整，线上教学，在小学高年级和初中展开分层教学，常规教学突出基础和重点。线下教学会针对性地调整教学进度，落实分层教学，抓好培优辅差。

二、精心规划方案，抓好返校关键期

返校第一周是线下开学的关键期，抓好第一周，我们就有信心和经验做好全部年级的开学。进出校门有序规划、课桌摆放严格遵守要求、课程设计严格落实上级规定、积极借鉴兄弟学校的先进经验、体育锻炼积极落实、心理辅导呈现专题化、个性化。

三、加大宣传力度，提升学校形象

作为新办学校，尽快提升知名度和美誉度是学校发展的重要任务。我们大力提升宣传工作力度，南方都市报、南方教育时报、晶报、宝安日报等主流媒体先后八次专题报道学校先进事迹，包括先进网络教学事迹、获奖事迹、初三年级先进典型、劳动实践基地等。我们积极利用新媒体，在光明教育公众号、马山头学校公众号、光明融媒、绿色光明网等网络媒体发布报道 100 多篇，以保证学校各项工作都能及时推送到外界。

学校还结合自身实际，为即将返校的学生准备了特殊礼物。

学校在教学楼顶层开辟了 2 000 平方米劳动技能实践基地，现已正式启用。近期部分老师种下各种蔬菜，并对学生直播，带孩子们"走进"菜园。等开学以后，学生不仅能观赏久违的美丽校园，还能现场体验田园生活，锻炼劳动技能，放松身心。

第五节　面对教师的发言

珍惜每一次教师教育教学会议，每次会议前我都认真准备。讲什么，怎么讲，对老师需要提醒哪些？如何激励教师努力拼搏？虽然我不是语文老师，但是我希望我的每一次发言能够起到激励唤醒的作用。

恪尽职守提质量，不忘初心育新人
——在 2019 年秋教学工作会上的讲话

各位老师：

教学工作会议是我们一年一度例行的重要会议，目的在于总结经验，查找不足，部署和安排新学期的工作。刚才，教学处总结分析了上学期期末考试的成绩，并对获得校级教学质量优秀的班主任、科任教师给予了表彰，同时也签订了教学质量和校园安全责任书。朱建山、舒才有两位分别分管教学和毕业班的副校长作了工作报告，全面总结了一年来我校教学工作所取得的成绩，指出了教学工作中存在的问题，分析了当前教学工作面临的形势，提出了今后教学改革的任务和思路。特别是分管毕业班的舒才有副校长阐述了我校首届初三毕业班的备考思路和方案。下面，我就今后学校教学工作的方向和目标讲几点意见。

第一，始终坚持教学工作的中心地位不动摇，扎实打牢发展基础。

我们要牢固确立教学工作在学校的中心地位和基础地位。在政策制定上，要以教师的利益为重，坚持向教师倾斜；在资源分配上，要优先满足教学需要，不断加大日常教学经费投入；在教学管理上，要进一步完善由学校统筹规划、教学处牵头、各处室协调配合的教学管理体系，不断推进教学管理、教学内容和教学方法改革；在服务保障上，学校行政、后勤等部门要创造条件，主动为教学工作提供服务，解决教师的后顾之忧。我们要在全校上下真正形成一切为了教学、一切服从教学，人人关心教学、人人支持教学的良好氛围，形成领导重视教学、科研促进教学、管理服务教学、后勤保障教学的良好局面。

第二，牢固树立质量立校的理念，推动我校教育事业又好又快发展。

教学质量是学校人才培养的基础和关键所在，是学校的立校之本。教育质量作为社会评价教育优劣的重要标尺，与学校的社会声誉和形象联系在一起，与学校的生存和发展联系在一起。目前，义务教育学校之间的竞争突出表现在区统考、市中考和各种竞赛三个环节。学生的入学选择，反映的是学生和家长对学校教育质量的评价；统考及中考，则是学校教学质量直接、根本的体现；毕业生的录取，反映的是高一级学校对本校教育质量的认可度。开办一年来，我校在办学规模逐步扩大的同时较好地促进了教学质量的不断提升和生源质量的不断提高：上学期期末区统考，小学五年级和中学八年级成绩均达到学校预定目标，尤其是八年级的语文成绩，列区公办学校第二名，英语列区公办学校第四名。师生参赛（参评）获奖频频，荣获省特等奖1项，一等奖1项，深圳市特等奖1项、一等奖11项等，实现了外树形象的目标。这些与我校师生的努力拼搏、不甘人后的精神分不开。当然这些成绩与区内其他先进学校相比，仍然有较大差距，我们的教育质量仍有待进一步提高。因此，抓好教学工作，切实提高教学质量，仍然是摆在我们面前的头等任务。特别是初三首届毕业班，要绷紧弦、鼓足劲，继续扎扎实实地把毕业班教学搞好，确保超额完成学校研究制定的中考开门红的目标。

第三，充分整合教学资源，提高学生艺体、创新能力，确保在区级以上的各种大赛上取得优异成绩。

新时期党的教育方针指出，要培养德智体美劳全面发展的社会主义建设者和接班人，培养一代又一代拥护中国共产党领导和中国特色社会主义制度、立志为中国特色社会主义事业奋斗终生的有用人才。大家需要明确的是，教学质量看的不仅仅是中考或统考，还有德育、美育、劳动技术教育等。要使学生德智体美劳全面发展，就必须加强学生体育锻炼，提升学生艺术素养，培养学生的劳动认识和立足社会所需要的劳动技能。而我校又是一所数理学校，更需要加强学生的数理能力，充分认识到创新能力的重要性。因此各科教学是贯穿始终、不可缺少的重要组成部分，是学生提高综合素质和能力的重要手段。要区别不同学科教学的要求，合理修订学科教学方案，科学整合各学科资源，开设好本校的数理校本课程，开展好校运会、艺术节、数理文化节等活动，以增强学生的实践能力和创新精神，逐步培养学生全面发展、数理见长的素养。学校将依据"适应需要、统一规划、分步实施、资源共享"的原则，在充分论证的前提下，进一步加大学校特色建设。

艺体教师除了要上好自身的课以外，还需要积极调动学生的兴趣，组建课外艺术小组活动，开展学生特长的培养。要牢牢抓住省市区各项大赛的机会，全面安排，提早动手，指导学生勤学苦练，争取在今明年的省市区大赛上取得佳绩。

第四，继续加强教师队伍建设，大力提高课堂教学质量。

高素质的教师队伍是质量提升的关键所在，无论我们要实现什么样的办学目标，都离不开一支高素质的教师队伍。我们必须牢固树立人才强校的理念，牢牢把握以人为本这一核心，充分发挥优秀教师在学校发展中的基础性、战略性和决定性作用，积极培养人才、引进人才、用好人才，以优秀的人才打造一流的教学队伍。要重点加强青年教师队伍建设，进一步完善校本培训、继续教育、在职学历提升等，强化对在职教师的培养；要广开人才引进渠道，积极引进高层次优秀教师，提高我校教师的整体素质；要把青年教师师资队伍建设作为学校工作的重点，制订青年教师教师队伍建设规划，健全具体措施，加大投入，常抓不懈，围绕专业建设和发展需要，对教师接受继续教育作出合理安排，鼓励支持教师参加培训和进修。并在可能的条件下，进一步改善教师的工作环境和生活条件，不断提高教师的生活水平。

第五，进一步强化师德教风建设，不断优化育人环境。

教师是学校的灵魂，教师的师德师风直接关系到学生的品行。有什么样品行的教师，就能培育出什么样的学生。在思想道德教育方面，教师的作用是任何人无法代替的。特别是在新时期，做一名合格的教师，首先要讲究师德道德素养。加强师德教风建设，关键是要使我们的教师具有成熟的职业素养和高尚的道德情操，时刻认识到为谁培养人，培养什么样的人，要有高度的责任心，严谨治学，从严执教，对学生诲人不倦，对自己严格要求，对工作一丝不苟，静下心来教书，潜下心来育人，努力做受学生爱戴、让人民满意的教师。广大教师要深刻认识到自己肩负的重大历史使命和责任，自尊自励，努力成为无愧于党和人民的灵魂工程师。要爱岗敬业、关爱学生，以真情、真心、真诚教育学生，做学生的良师益友；要淡泊名利、志存高远，以人民教师特有的人格魅力、学识魅力和教学魅力影响学生，赢得尊重。当前，我校的师德教风整体状况良好，但仍存在不少问题，如有些教师爱岗敬业精神不强，责任感淡薄，对教学工作精力投入不够；有些教师不讲大局、不讲原则，热衷于散布各种流言蜚语和小道消息，损害学校的整体形象；有些教师安于现状，不思进取，作风涣散，纪律松弛。下一步，我们要着力增强广大教师的使命感、责任感和荣誉感，充分发挥领导干部和共产党员的先锋模范作用，带动全体教职员工共同努力，创建严谨细致、求真务实的教风，使优良教风的养成成为广大教职员工的习惯和自觉行动。

各位老师，这次教学工作会，既是对上学年工作的全面总结，更是对新学期工作的具体部署。希望全体教师深入学习和领会会议精神，落实会议提出的各项任务，以真抓实干、务求实效的态度，团结拼搏、锐意进取，为实现学校又好又快发展而不懈努力。

狠抓机遇谋发展，拼搏奋进立新功

——在 2010 年教育教学工作会上发言

时间过得真快，弹指间，一个学期又过去了。回顾上学期我校的教育教学工作，我们在上级教育主管部门的正确领导和高度重视下，经过全校师生员工的共同努力，教育教学工作稳步有序开展，取得了一定的成绩。

（1）全校师生员工能发扬主人翁的精神，各司其职，恪尽职守，以大局为重，主动为校排忧解难，为学校发展建言献策，大家团结一起，共同应对困难，充分体现了我校教职工的大局意识和主人翁精神。

（2）德育安全工作扎实开展。上学期德育处尽管管理人员严重不足，依然主动开展各项工作，德育工作初见成效，安全工作紧抓不放，基本未出现重大安全事故。

（3）教学工作有序进行。教学处能紧紧抓住教学常规这一命脉，带领科组长、备课组长积极开展各项教研活动。尤其是两大毕业年级，抓得早、抓得实、成效明显，学校第二课堂活动成绩也非常不错。

（4）团队活动正常开展。三大社团统一协作，开展了许多丰富有益的活动。

当然，取得成绩的同时，也暴露了一些问题，表现如下。①部分教师观念落后，积极性不足，上进心不强。②德育工作仍需加大力度。③教学管理仍需进一步规范。④团队活动还需加强督促。⑤青年教师培训及课题须尽快启动。

针对这些问题，本学期我校的教育教学工作应注意做到如下方面。

第一，转变观念，提高认识。

过去在宝安区时期，光明中学地处偏远，教学环境、生活环境及经济待遇均比不上其他同类公办中学，教学成绩有差距情有可原。但随着光明新区的成立，光明中学一下子成为新区眼皮底下的学校，属于中心区直属学校，地位也越来越高，从领导的重视（区领导半年内多次来校调研）和地理位置的从属关系来看：光明中学将来一定会成为新区的代表学校。因此，我们首先必须转变过去的落后观念，增强质量意识。其次，要转变育人观念。教书育人是教师的天职，有些教师只管上课，不管学生，对于上课违纪学生总是推给班主任，造成大家都不愿做班主任，这些现象充分说明部分老师对教师的行业特点了解不够、认识不足，责任心不强。再次，要做到不怕苦不怕累。教师之所以在社会上受人尊重，除了行业特点是教书育人之外，更重要一点是教师的辛勤付出及燃烧自己、照亮别人的蜡烛精神。不少教师为了工作，带病上岗，弃小家顾大家。宝中金桂云老师，年近50，从教几十年，身体多病任两个班语文，仍坚持担任班主任工作；公中有一英语老师，爱人重病每天须到深圳透析化疗，该老师却从未提出过减轻工作量，依然站在教学第一线，超负荷工作。反观我们少数教师对工作拈轻怕重，对做班主任工作更是避之不及，一点点困难就叫苦，身体有一点点小问题就要求学校重点照顾。特别个别年轻教师更离谱，工作不尽职，到校比任何学生迟，离校比哪个学生都早、上课不认真、教学成绩差，这种境界与一个合格的人民教师差距甚远。最后，彻底杜绝对待工作自己不做，总是做观众，甚至做评委的不良现象。有些同志，不喜欢做运动员，学校任何事情都与自己无关，但对别人做事总喜欢评头论足，似乎就他水平高，别人都不行。这些行为不仅严重挫伤了工作同志的积极性，同时也严重影响了学校工作的进程。

第二，抓住机遇，加快学校发展。

光明新区的成立，从某种意义上来说，给了我校发展的绝好机遇，区政府就在眼前。我们要紧紧抓住这个机遇，努力工作、不断创新，也希望全校教工建言献策，加快学校发展。

（1）加快高中部规模的扩建，尽管我校高中部已初具雏形，但高年级班额太小，很难成为有影响力的高中。如再不发展，很容易被其他学校吞并。同时做好高中部上省一级学校的准备，为高中的招生增加砝码。

（2）加快学校的规范管理。进一步规范高中教育教学管理，一个完全中学应有一套成熟的、有效的管理体制。目前我校由于人员变动较大，教育教学管理出现不连贯、欠规范的现象，我们必须在这一两年内解决。

（3）加快学校学科教师结构性调整。新区成立有一定的政策优势，我们应充分利用这个优势，根据学校目前教师专业结构及学校发展需要，通过绿色通道或招考方式招收一批特、高级教师，带动青年教师的发展，优化我校专业教师结构。

第三，坚持德育为首，营造全员育人氛围。

要育人，关键育德。因此，我们必须高度重视德育工作，下力气纠正目前学生中的不良行为和习性。

（1）高度重视班主任队伍的建设，通过培训，"一帮一"结对的形式，提高班主任的管理水平与管理能力。同时，对主动承担班主任的老师，学校要大力表扬，评优评先及职称聘任、外出学习考察等优先考虑。

（2）改革班主任管理评价，实行班级捆绑制。对各班评价实行日常量化考核、教学成绩、第二课堂、安全教育、班级公物等五方面的评价，实行科任老师下班级与班级捆绑的制度，对问题学生实行教师帮扶制度，调动全体教职员工的积极性，大家参与育人，形成人人育人的良好氛围。

（3）抓好家长学校与家长委员会工作。通过培训家长，教会家长掌握正确的教育方法，成立各年级家长委员会，调动家长主动参与学校学生管理工作，形成家校合力。

（4）发挥团队社团作用，让学生参与学校管理，发挥他们在学习中的先锋作用，影响和带动学生走上健康、正确的思想轨道。团委、少先队、青志协、红十字会，应多组织学生开展一些有益身心健康的活动，减轻学生压力，愉悦校园生活。

第四，坚持"质量立校，特色强校"方略。

花大力气，下苦功夫不断提高光明中学教学质量。近几年来，光明中学的教学质量年年稳步上升，中考年年创佳绩，高考也实现开门红，这些成绩的取得凝聚了许多光中人的心血和汗水，是值得赞扬和称道的。但随着光明新区的快速发展，领导和各界人士对光中的期望越来越高，特别是邻近兄弟学校的飞速发展也给我们带来了更多压力。为此，本学期我们在教学上必须做好如下工作。

（1）全力抓好初三、高三两大毕业年级工作，力争今年中考、高考再创佳绩。中、高考是衡量一所学校教学质量的重要指标之一。尽管今年这届中考、高考生源与上届比有差距，但我们不应以生源质量为借口，而应想办法，真抓实干。同时也希望全体教职员工关注毕业班，大力支持毕业班工作，积极为毕业班建言献策。希望毕业班老师同心协力、努力拼搏，力争2010年我校中高考再创佳绩。

（2）关注课堂，继续推行有效教学，不断提高课堂教学水平。本学期我们将举行30岁以下（含30周岁）的青年教师大比武，不断提高青年教师的教学水平。同时，继续开展有效教学实践，打造高效课堂，减轻学生负担，在有限的教学时间内，让学生学得主动、学得轻松、学得快乐，同时又能达到提高质量的目的。

（3）开展校本培训活动。继续采用"走出去""请进来"的校本培训模式，提高中青年教师的课堂教学水平。本学期起，由科研处牵头，定期对青年教师进行校本培训，让青年教师尽快提高教学水平。

（4）积极开展第二课堂活动，逐步打造本校体艺特色。本学期将要求体、音、美组老师每人必须带好一个队，这支队伍必须既有高中特长生，又要有后备初中兴趣生，建立一个完整的体艺梯队，完善的体艺特色。其他科组在非毕业班开展至少一次大型的年级或全校性的第二课堂活动，延伸主课堂、培养学生学科兴趣，活跃校园生活。

第五，坚持科研兴校，开展有效校本教研活动。

本学期学校重点抓好国家级课题"班级自主管理"的申报、开题与实施工作，培养学生自主管理班级能力，减轻班主任负担。同时要求各科组加强校本教研活动，保证科组教研活动两周一次，备课组活动每周一次，通过校本教研，营造学科学术研讨氛围，提高教师的业务能力。

光明中学正处在一个快速发展的大好时机，只要我们抓住机遇，同心协力，大胆变革，不断创新、努力拼搏，狠抓教育教学质量，光明中学的明天一定会更加美好，光明中学的明天一定会更加光明。

学名师技艺，提自我能力
——马山头学校"名师讲坛"启动仪式上的发言

今天是一个特别喜庆的日子，北京师范大学吴松年教授莅临我校讲学，同时也开启了我校"名师讲坛"的序幕。我代表学校党支部成员、全体行政人员，对吴教授的到来表示热烈欢迎和衷心感谢。

马山头学校是一所新办学校，教师来自五湖四海，其中年轻教师居多。如何提高青年教师的课堂教学水平，更新教师的教育教学观念，是我们新学校迫在眉睫必须尽快解决的问题。为此，我们行政会议研究决定举行"名师讲坛"培训活动。

习近平总书记在全国教育大会上强调，加快推进教育现代化、建设教育强国、办好人民满意的教育。这对教师队伍建设提出了新的更高要求，也对全党全社会尊师重教提出了新的更高要求。人民教师无上光荣，每个教师都要珍惜这份光荣，爱惜这份职业，严格要求自己，不断完善自己。做老师就要执着于教书育人，有热爱教育的定力、淡泊名利的坚守。

1931年12月2日，清华大学校长梅贻琦在就职演讲中提到，"所谓大学者，非谓有大楼之谓也，有大师之谓也"。可见，名师的重要胜过学校的大楼，一所学校可以没有大楼，但不能没有名师。教师是学校改革发展的关键，教学名师是其中的杰出代表，是学术的领军者。学校应积极创造各种条件，让教学名师言传身教，发扬优良师风。要坚持办好名师讲坛，形成制度，让名师上讲坛分享人才成长的经验、独特的教育教学方法。要充分挖掘教学名师的宝贵资源，发挥名师群聚效应，增强广大教师的教学认同和职业认同。要将名师讲坛与教师发展结合起来、与青年教师培养结合起来，与学校教学梯队培育结合起来，与学校教学质量的提高结合起来。以名师为引领，群策群力，不断提高我校青年教师的教育教学水平，进而提高我校教育教学质量，推动产生更多教学名师及名师团队。

希望我们学校的"名师讲坛"按计划精心组织，有效开展，把"名师讲坛"办出特色，办出水平。成为学校的一个品牌。同时希望老师们积极参与，虚心学习名师经验，大胆实践，不断提高自我教育教学能力。

最后，祝讲坛开办成功，为我校培养出更多"有理想信念、有道德情操，有扎实学识，有仁爱之心"的四有好教师！

做一名幸福奋进的马校人
——在第36个教师节茶话会上的发言

今天非常高兴大家可以放下手头的工作欢聚一堂，庆祝我国第36个教师节，欢度我们自己的节日。1985年1月21日，第六届全国人大常委会第九次会议作出决定，将每年的9月10日定为教师节，至今已走过了36个年头。一般来说，节日都是为弱势群体而设置的，需要引起国家的重视，其实教师节设立的原因也是基于此考虑。那时教师的地位不高，但是现在国家繁荣了，人民富起来了，尊师重教、优先发展教育，教师的地位得到空前提高。

另外，深圳教师的工资待遇全国领先，现在又要创建中国特色社会主义先行示范区，将来教师的待遇会更高、更好。各地的名师不断调到深圳，北大、清华、牛津、剑桥等世界名校的研究生也纷纷抢滩深圳做老师。所以，在深圳做老师，我们很幸福。

我们幸福还源于我们是新建学校马山头学校的一员，我们见证了这所学校的发展和壮大，我们是学校的开荒牛，是学校的元老。我们的校园地处龟山公园东侧，高速公路近在咫尺，地铁站也仅500米，交通发达，附近还有现代化的大型CBD购物中心，房价不高，环境优美，空气质量优，我们作为马校人，有着优越的工作环境，我们很幸福。

教师的社会地位和经济待遇大幅提高以后，作为教师，我们该如何从教？如何奋进？

孔子讲过，富而后教。一个国家富裕起来以后，教育也会发展起来。经济是社会发展的基础，教育是社会发展的灵魂。作为一名教育工作者，要做到以下几点。

首先，要有感恩意识。我们将党的教育政策通过马山头学校落实下来，大家才得以实现社会身份的转变和经济收入的提高。大家对党和政府、对学校的感恩应该是纯粹的，无条件的，并且在执行各项工作的时候要充分体现出来。我们要感恩中国特色社会主义制度，历史证明，只有中国共产党，才能救中国，才能发展中国，繁荣中国，复兴中国。老师懂得感恩，我们的工作水平才会不断提升，才会感染学生，去感恩老师。只有懂得感恩，才不会迷失人生方向。

其次，同事之间要懂得互相欣赏。你站在桥上看风景，看风景的人也在看你。同事之间如果互相看对方的优点，就能取长补短，团结协作，共同提高，学校也会温馨和谐。如果看的都是对方的缺点，人际关系就会非常紧张。我们学校的办学理念是：教育就是成就，成就学生，成就教师。如何成就教师？就是不断发掘教师身上的亮点，给教师展示的平台，帮助教师实现更快更好的职业发展。

最后，要有坚韧不拔的意志。深圳是一个快速成长的城市，光明区的发展最为典型，大家在工作中必然要不断适应新的政策、新的环境、新的同事，在工作中也不可避免地会遇到一些挫折和迷茫，这就需要有百折不挠的毅力坚持下去，克服一个个困难。这个过程就是能力提升的过程，也是融入深圳的过程。很多同事都提及在深圳工作精神压力很大，其实这种压力是普遍的，深圳的快速发展，必然要求深圳人不断更新自我。当你适应这种压力，自然就会随着深圳一起快速发展了。

我们学校这两年取得了非常大的进步，学校规模不断扩大，师生人数不断增加。在光明打造世界一流科学城及深圳北部中心的大好契机下，光明教育已经迈上追赶超的快速道路，我们马山头学校必须跟上。希望全体职工能够团结协作，撸起袖子加油干，创造更美好的人生！

春节茶话会拜年致辞

期盼已久的年假就要到来了，在这里我代表学校党支部、校行政给大家拜一个早年！祝大家新的一年工作顺利，生活美满！

我简单讲三句话。

第一句，大家这一年辛苦了！

作为一所新办学校，跟老学校相比，工作量大了很多，但我们的人手相对不足，每个人都在超负荷运转，随时加班加点，都非常辛苦。但我们也欣喜地看到，我们很多老师在这一年的锻炼中，迅速成长起来，我们的学校也在光明区站住了脚跟，赢得了同行的尊重。我们的辛苦，在学校历史上留下了光辉印记，值得骄傲！我提议，把热烈的掌声献给我们自己！

第二句，多陪陪家人。

我们大多数老师都很年轻，走上工作岗位不久，父母为你们的成长感到骄傲，也会因为交流越来越少感到失落。趁着春节的机会，多陪陪他们，多和他们谈谈心。我们教育学生要加强传统文化传承，多与父母沟通，我们自己要先做好示范。在学校，我们会定期搞团建，增强凝聚力，春节就是一个家庭最有意义的团建，我们要主动承担起责任。

第三句，高高兴兴回家，平平安安返校。

这句话，每年都讲，但是每年都必须讲。我们经历了很长时间奋斗才有了今天的幸福生活，安全出了问题，一无万无。路上注意交通安全，在家注意防火防电安全，外出的时候注意人身和财产安全。一定要遵守各种安全规则，所有的规则都是生命换来的教训。我相信，马山头学校的教职员工都能很好的保护自己，照顾家人。

最后祝大家度过一个安定祥和的春节！

第六章　成就师生的教育实践

作为一个有着 40 年教育经历的老教师，可以说对教育的感悟还是很深刻的。教育说到底就是"教书育人"，教什么书？育什么人？为谁培养人？广大教育工作者必须对此有一个正确的理解，做教育的清醒者。因此，加强师德建设工作尤为重要，积极开展各项活动，不断提高青年教师的师德修养和专业水平，是学校管理者必须履行的职责。

第一节　以德树师表，用德铸师魂

教师，是人类灵魂的工程师，从事着太阳底下最光辉的事业，教师队伍师德师风水平的高低，直接影响着下一代的道德品质和综合素质，进而影响未来我国的国际地位和国际竞争力。因此，进一步加强师德师风建设和教育行风建设，打造一支业务精湛、师德高尚、素质优良的教师队伍，树立教育良好的形象成为当前教育工作的重中之重。2004 年，深圳市教育局开展了"师德师风教育周"活动，以提升教师形象，树立师德新风。我当时任公明中学副校长，公明中学校积极响应，扎扎实实开展了师德师风建设。

一、活动的开展情况

（一）上级领导高度重视，大力推进

2004 年，深圳市教育局下发《关于开展师德师风教育周的通知》；区教育局组织召开有关师德师风建设工作会议；公明街道办召开师德师风动员会；宣教办主任对师德师风活动的开展进行了周密的安排部署。

（二）学校组织学习做到计划落实，内容落实，决不搞形式主义

教育活动开始前学校就拟订了计划，每次学习都有明确的内容，逐项完成。同时严格考勤，要求教职工不无故缺席任何一次学习。凡是讲座都落实到具体人员，由主讲人根据计划做好充分准备。学习讨论有专题、有针对性。

（三）开展丰富多彩的教育学习活动，增强教育的实效性

学校开展了丰富的教育学习活动：

（1）组织全体教师参加师德师风动员会，提高教师对改进师德师风建设重要性的认识。

（2）观看电影《师德启思录》。影片中真挚感人的典型事例，感动了每一位教师；影片中种种有悖师德的做法，遭到了大家的鄙弃。

（3）组织各种有针对性的讲座。德育处组织大家学习了《中共中央、国务院关于进一步加强和改进未成年人思想道德建设的若干意见》。麦国志校长把师德建设和公明中学实际结合起来，提出了需注意的八个方面问题。老党员袁子宁所做的《中共党史回顾》的讲座，让全体教师又重温了共产主义理想。各年级师德优秀教师代表的典型发言，激起了大家的强烈共鸣。

（4）举行多次讨论，谈感受，话启发，论自己的不足，收到了良好的交流效果。当时我们按市、区要求，分年级进行了 3 次讨论，要求每位教师发言不少于 5 分钟。之后在分组讨论会上，各位教师畅谈自己学习师德的体会，说到动情处不少教师还泪流满面。大家都表示今后要更好地遵守

教师职业道德和行为规范，热爱学生，努力为教育事业作出自己应有的贡献。

（四）进行调查，找准学校师德师风存在的主要问题

学校的调查分两步进行。

一是自查自纠。根据教育局下发的《师德师风问卷调查表》，每位教师逐条对照，找出自己存在的问题。

二是通过召开学生和家长的访谈、问卷调查，了解教师在师德师风中存在的不足。

通过调查发现，学校教师在师德师风方面存在的不足表现如下：一是少数教师事业心和责任心不强；二是极少数教师对学生有语言伤害，易刺伤学生心灵，对学生缺乏耐心和爱心。这些问题的发现，为下一步有的放矢的整改打下了基础。

二、开展师德师风教育活动的体会与收获

（1）师德师风教育活动对我们每位教师都是一次心灵的洗礼。观看《师德启示录》后，不少教师都流出了热泪，大家都被影片中的人物所感动，心灵受到了震撼。

（2）师德师风教育活动使我们更珍惜"人民教师"的光荣称号，主动改正工作中的不足。

（3）师德师风教育活动让我们与时俱进的要求更明，自我图强的动力更足。相关座谈会上大家纷纷表示要与时俱进地开展师德师风教育，不断提高自己的教育教学水平。

三、今后的措施

（一）大力倡导爱心奉献活动

师爱是师德之魂。学校要求每位教师以"爱"为核心，将神圣的师爱

均匀地洒进每个学生的心田。要"爱心进课堂",精心创设和谐融洽的课堂学习氛围;建立民主互信的新型师生关系;尊重每位学生,尤其要爱护后进生,保护其自尊心;转变教育观念,相信人人均是可造之才。做到不辱骂学生,不体罚学生,不歧视学生。

(二)针对师德方面存在的问题积极进行疏导

将《师德师风问卷调查表》中的问题分类整理,按思想作风、工作作风、生活作风三个方面由校领导和党员分片分人,通过谈心、开展批评和自我批评等方式,提高思想觉悟促整改。

(三)完善和建立师德教育机制

抓好机制建设。师德建设教育固然重要,但必须有一套有效的机制作保证。一是要建立和完善激励机制。进一步搞好评选表彰教书育人先进个人和集体的工作。对师德和教书育人成绩突出者,予以表彰和奖励。二是建立和完善考核机制。把师德建设作为学校精神文明建设及教育教学工作考核的主要内容。对教师的考核突出教书育人的实绩,重点考核教师的职业道德状况、教学态度、育人效果等。三是建立和完善监督机制。制定规范的教学管理制度,进一步规范教师的师德行为。

总之,经过为期一周的师德师风的教育学习,加强师德修养在公明中学已深入人心。"以德树师表,以德促师能,以德铸师魂"成为每位教师的共同信念和自觉追求。

第二节　抓住机遇,迎接挑战,创新发展

自 2001 年全国实施新一轮基础教育课程改革以来,公明中学在麦国志等校领导的带领下,抢抓课改机遇,加强教师培训,更新教育教学观念,大力推进课程改革工作,不断优化课堂教学方式,使学校教育教学质量得到不断提高。短短三年,公明中学教学质量突飞猛进,多次被评为"宝安

区初中教学先进单位"，公明中学也被评为"宝安区课改现场学校"。以下以公明中学 2003—2006 年基础教育课程改革为例做一总结。

公明中学作为第二批实验校自 2003 年 9 月启动基础教育课程改革实验工作，在各级领导、各方专家的关心支持下，在全体教师的辛勤工作和共同努力下，积极探索、大胆实践、敢于创新、执着追求，取得了一定成绩，也积累了一些实践经验。2006 年中考，学校实施新课改的第一届初三学生总标准分 700 分以上 11 人（占比 2.37%，区 1.78%），600 分以上 100 人（占比 21.51%，区 17.13%），500 分以上 260 人（占比 55.91%，区 54.95%），全校平均分 517.09 分（区 511.46 分）。由于以上指标均超过区公办学校的平均值，学校被评为"2006 年宝安区初中教学先进单位"及"2006 年宝安区初中教学进步单位"。我深深感受到新课改给学校所带来的机遇和挑战，在全面推进基础教育课程改革的今天，在全校各年级都进行新课程改革的形势下，我们很有必要对三年新课改工作做一个回顾与总结。

一、2003—2006 年课改工作的回顾

2001 年国家基础教育课程改革试验在全国轰轰烈烈地开展，公明中学虽未参加第一批试验，但近邻南山区有幸成为课改实验区，他们在课改工作中取得的点滴进步都引起了我们的关注。2003 年 9 月公明中学和全区其他中学一起成为国家基础教育课程改革的第二批实验学校。当时我们就暗下决心，一定要扎实抓好新课改工作，使学校在新课改的浪潮中勇立船头，在三年后的中考中扬眉吐气。我们深知在新课改里没有专家，大家都是"摸着石头过河"，谁把握得好谁就能顺利到达胜利的彼岸。为此我们开展了以下工作。

（一）统一思想，加强领导

新一轮基础教育课程改革是我国基础教育领域的一场前所未有的变革，是我国基础教育应对知识经济化和全球化的挑战，是我国顺应国际课

程改革大潮、寻求素质教育新突破的重大举措。用新课程思想武装头脑，用新课程理念指导教育行为，是每一个教师面对新课程改革唯一的选择。与新课程同行，在新课程中实现自身专业发展，这是每一位教师走进新课程，胜任新课程的基本保障。为了使课改实验得以有效实施，公明中学成立了以校长为组长，分管副校长为副组长的课改领导小组，加强对课改工作的领导和管理。由教学处、科研处作为专业指导机构负责实验工作的组织管理，由教研组、备课组等各学科组具体实施。同时建立实验的保障机制，设立课改专项经费，为课改实验的顺利实施提供有效的物质条件。

（二）加强理论学习，更新教育理念

公明中学遵照"先培训、后上岗，不培训、不上岗"和"面向全体，骨干先行"的原则，在培训工作中注意做到以下四点。

一是积极组织人员参加省、市、区组织的"课改"通识培训和学科培训。通过通识培训，教师们更新了教育观念，进一步认识到了课程改革的必要性；通过学科培训，教师们知道了怎样搞并且如何搞好课改。此外，学校还要求教师在参加培训后积极学习区教育局下发的各种课改资料。

二是鼓励教师选修继续教育时选择与课改相关的科目；组织教师积极撰写教学案例，提高教学反思能力，促进教学水平的提高。在此基础上结合学校和教师的实际，积极探索有利于教师发展的校本培训和教研制度，注重培训内容的广泛性，培训形式的多样性，采取分散指导与专题培训相结合的方针，强调针对性、突出生成性、体现操作性、强化反馈性。

三是发挥已参加培训人员的引领、示范和辐射作用，特邀参加过省市骨干教师培训班的教师开设专题讲座，以汇报、交流等方式向其他教师渗透。同时，以不同的形式组织教师学习新课程教育教学理论，指导鼓励教师撰写心得体会，并且利用多种渠道向教师介绍新的教改动态，不断提高教师的理论水平及实践能力。

四是举行"新课程研讨会"校本专题研讨活动，对全体教师进行新课程知识培训。并结合课改年级的实际情况邀请部分教师把自己的教学案例与大家分享，让他们谈谈新旧教材的区别，新旧课堂的变化，引发全体教

师对课改的思考。特别是落实学习方式转变的新观念，做好学生"五步学习法"的指导，培养学生终身学习能力。

（三）关注课堂，注重实效，狠抓课改目标落实

有了新的教材，如果还是用旧的教学方法，就等于"穿新鞋走老路""用新瓶装老酒"，因此课改的生命存在于课堂，课改的魅力呈现于课堂。为了让教师们用好新教材立足新课堂，让课改理念真正体现在课堂，在市区教研部门的领导下，在学校课改领导小组的直接指导下，公明中学教学处、科研处把基础教育课程改革作为中心工作，充分发挥教研组、备课组的集体智慧，调动教师的工作积极性。各学科根据自身特点并结合学校实际，大胆探索，积极实践，改进课堂学习方式，探索新的评价方式，取得了良好成效。具体做法如下。

（1）实施主体性工程，创建以学生发展为本的课堂教学模式，主要抓三个方面。①正确处理教材，优化教学内容。从培养学生的创造精神和创造性思维的战略高度出发，坚持实事求是的原则，鼓励教师立足实际，别具匠心地"肢解"教材，"重组"教学内容，对教材采用"删、看、讲、补"的方式进行创新使用。②大胆改革，积极推行"新课程与学习方式转变"。③鼓励教师借助现代教育技术，激发学生的创造性思维。用多媒体辅助教学，集音、美、文、艺于一体，再现情景，激发学生思维、培养学生的创新精神。优化课堂教学结构，提高课堂教学效益，做到"知识与技能、过程与方法、情感态度与价值观"三维目标和"基本知识、基本技能、基本方法"的"三基"落实，逐步形成"创设情景，激发感情，注重创新，主动发展"的教学模式特色。

语文学科教学中加强人本意识，师生构建"学习共同体"，课堂活而有序，学生动而有得，重文章的整体感知，采用小组合作的学习方式，课前预习加强诵读（或赛读），共同提出问题，课上学生有问有答，循序渐进，逐步培养他们的合作交流能力，教师只在共性的或似是而非的问题上给予点拨、引导。尤其是利用语文的特点，让语文教学与学生的生活经验"联网"，让学生去搜集自己家里最具代表性的事或物或通过自己观察得出

的体会，课上进行交流。此外，让学生按自己喜欢的方式梳理课文思路，将课堂所得整理成文，逐渐养成良好的学习习惯。

数学学科以课程标准为指导，深刻领会教材的编写意图，充分利用新教材的优势，突出学生的情感、态度和价值观。通过"问题情景—建立模式—解释与应用"的基本呈现模式，使学生体会到数学来源于社会，又应用于解决社会的实际问题。另外，结合教学实际，在不影响学习目标完成的前提下，适当调整教学内容，使之更有效地为学生服务。例如在"生活中的平面图形"一节的教学中，先让学生感受日常生活中的实物，帮助学生认识多边形，以及弧和扇形的性质，提高数学在生活中的应用意识；再引导学生观察由三角形组成的图形—猫，在学生独立思考之后，开展交流；最后和学生一起探索多边形中三角形个数的变化规律。这样的课程设计既能完成课本要求的各类教学目标和学习目标，又能使课堂学习内容按"由易到难"这一认知规律逐步展开，搭好台阶，让学生拾级而上。

科学学科以浙江教育出版社出版的实验教材为教学基础，结合旧教材的有关知识，在学习方式上进行改革。通过开展小组学习，采取自主学习的方式就课本内容进行讨论。组员轮流主持，让大家自主探索，个别问题一起讨论，教师在这一过程中可作一些必要的补充，对每一组同学好的方面予以肯定，并对不足之处提出适当的建议，一般不轻易否定学生的想法，让他们自己判断。课余，小组合作开展一些简单的调查活动，并尝试对生活中有趣的生物现象进行简单的分析。上课课堂气氛非常活跃，师生之间关系融洽平等，学生敢于将自己的想法表达出来；学生通过自我表达，学会了与同学相处，锻炼了语言表达能力，情感方面的教育也得到了充分体现。这一学习方式较好地体现了义务教育的基础性、普及性和发展性。

历史与社会学科教研组，分析了传统教学模式的利与弊，在取其精华的基础上，大胆改革课堂教学模式，将学科知识与学生生活中的问题和社会热点相结合，激发学生的兴趣。

音乐学科教学注重三个层面的综合：其一，音乐学科中不同教学领域间的相关综合，如演唱、演奏教学与音乐欣赏相联系；其二，音乐艺术与姊妹艺术间的相互联系；其三，音乐与艺术之外的其他相关学科的相互联系，如音乐与文学，音乐与民俗。

体育学科注重对学生身体锻炼的指导，加强健康意识培养，让学生重视体育锻炼、注重健康人格的培养，等等。

为开展新课程教学研究，教师们积极探索和改进教学模式，在教学中充分渗透课程改革思想，探究培养学生的自主学习能力，实验探究能力和合作学习的能力。

首先，建立平等、新型的师与生、教与学的关系。教师以平等、真情对待学生，关心爱护学生，在教学中创设机会赞赏每一位学生，包括学生的独特性、兴趣、专长、对教科书的质疑和所付出的努力，培养学生的自信心，形成民主平等的师生关系，使学生的主动性和独立性得以充分发挥，创造学生主动参与的教育环境，促进学生主动而富有个性地学习。

其次，注重科学方法教育，探索改进学生的学习方式。新教材能从初中生的思维发展水平出发作设计，版式新颖、活泼，栏目设置丰富多彩，有效实用，有利于拓宽学生的视野、改进学生的学习方式，引发学生的兴趣。教师利用分组教学，将学生分为 6 人一小组，选出组长，由组长负责管理仪器和协调本组同学合作学习，培养学生自主、实验探究与合作的学习能力，培养学生的提出问题意识和探究能力，使学生养成探究科学的态度，初步形成科学探究的方法和终身学习的意识和能力，取得了一定的成效。

最后，教学中注意联系实际，强化知识应用意识。教师在教学过程中重视学生生活经验，密切联系学生的生活实际以及材料、能源、环境、生命科学等现代社会问题，培养学生获取知识的能力和运用知识解决实际问题的能力，并加强对学生进行科学精神教育和人文精神的教育。通过一学期新教材的学习，在深圳市统一教学质量检查中，有关新教材的知识点，学生得分率在 90% 左右，说明改革已初有成效。

（2）狠抓集体备课，强化合作意识。新的教材对教师来说谁都没有把握。特别是有些科目，如科学、历史与社会等，没有老师接触过，对老师们来说也都是新的知识，为此学校要求以备课组为单位，每周至少进行一次集体备课，发挥集体智慧，共同备好课改新课。特别是科学，由于内容繁多，涉及物理、化学、生物、地理等科目，以前的专业教师一时无法适应，公明中学给每个备课组都配备相关的学科老师，让大家互帮互学。可以说，集体备课此项工作，在新课改的今天显得更为重要。

（3）采取"请进来，走出去"的方式，不断提高课堂教学水平。2003年公明中学邀请国家基础教育改革第一批实验区——南山区的五位"挂牌"老师来学校进行指导，全力助推新课改，同时还组织课改教师到南山荔香中学、南海市小塘学校、南海市一中、高州一中、信宜中学等地方取经学习。通过学习，教师们加深了对课改工作的认识与理解，增强了上好课改课的信心。

（4）举行"新教材·新课堂"赛课活动，不断提高课改课堂的教学质量。2004年5月，公明中学举行了第一届"新教材·新课堂"教研活动，邀请市区教研员、南山课改专家来学校指导，同时还邀请部分学生家长代表一起听课。尽管授课教师都是青年教师，但他们全力呈现出的精彩课程得到听课者的一致好评。2005年12月，公明中学面向全区举行"新课堂·新理念"的教学开放日，外校听课者达到数百人次。

这些教学观察活动，不仅使授课教师得到了锻炼，还大大提升了学校的总体课堂教学水平。

（四）编写《学生成长手册》和《教师发展手册》，创建以师生发展为本的评价方式

公明中学一直以科学的教育观念评价教师教学与学生的学业，在新课程理念指导下，学校较好地完善了对教师教学和学生学业成绩的考评制度，并分别为他们建立了成长和发展手册。其中，成长手册对学生的学业成绩采用等级制，对学生的每一次进步都进行成长记录，引导学生读好书，争作"特长生""进步生""文明生"等。挖掘每个学生的优点，保护每一颗稚嫩的童心。其次，对教师教学工作与质量的考核，采用了教学质量三级评价方案即从教学思想、教学过程、教学成绩三个方面实施评价。另外，对教师的教科研成果、优质课、学生竞赛、论文发表等方面让教师自行记录，建立自己的发展档案。这些工作公明中学在全区做得最早，并

且《学生成长手册》还被推广到全区使用。

（五）建立以校为本的教学研究制度，以课题为载体，充分发挥教育科研在课改深入推进中的重要作用

课改实验是一个不断探索、实践、反馈、分析、总结和纠正的过程，以课改为载体的教育科研在课改推进中发挥着重要作用。学校将课改中的重点、难点问题集中起来，以课题形式进行专门研究，使问题的解决与课改的推进、教师的成长同步，以教育科研推动课改，以课改促进教育科研工作，不断探索课改新路子。

公明中学在"博采众长、以校为本、突出特色、跨越发展"的教科研发展思路指导下，积极开展校本教学研究。在课改实践中，各教研组以课题研究为抓手，不断提升课改理念，深化教学改革，形成各具特色的教研成果。"以课题研究的运作方式，推进课程改革实验工作"是公明中学课改的工作方针。学习方式的转变是此次课改的重要目标之一。

（1）学校以"三自教育"课题为依托，拉动和深化全校的课改实验。以科研促课改，各学科将课题研究与学科教学相结合，提高课堂教学质量，促进教师专业成长。各备课组结合本学科实际确定了各自的研究专题（见表5-1）。

表5-1 公明中学各备课组课题申报一览

备课组	课题名称
全校	"图强·参与·发展"教育模式的构建与实践研究
语文备课组	初中语文教学中实施自主学习教学模式的研究
数学备课组	初中数学教学中实施合作学习的研究与实践
英语备课组	新课程英语教学中培养学生综合语言运用能力的研究
科学备课组	初中科学"探究—创新"教学模式的研究与实践
历史与社会备课组	初中历史与社会学科探究性学习的实践与研究

（2）学校依托中央电教馆的"十五"教育技术研究重点课题"网络环

境下的教学设计研究"的子课题及中央教科所的"班主任实施心理健康教育的理论与实践研究"等课题进行课改活动，将信息技术融入课堂，让新课堂更彰显生机勃勃。将班主任工作与心理健康结合起来，更有利于开展教育工作。

三年课改的实践，使公明中学的科研工作得到了长足的进步，科研实力不断提升。这既锻炼了教师队伍，又提高了学校的教育教学质量。

（六）认真解读国家课程政策，抓好校本课程开发，深化课程改革

公明中学坚持以教育部《基础教育课程改革纲要（试行）》的精神为指导，本着以学生发展为目标的基本原则因地制宜开发校本课程，以满足学生多样化发展的需要，并使教师的教学个性特长得以充分发挥。三年中，教师先后编写了《绿色公中》《对联识趣》《初中生心理健康自助手册》等校本读本，根据学校学生爱好象棋的特点，公明中学在初一年级开设了"中国象棋入门"课程，在全校开设了心理课程，聘请专业教师给学生进行辅导，以确保校本课程的开发质量，以体现学校的办学特色。

（七）科学管理，全力完善课改保障机制

实施课改以来，公明中学不断调整修改学校的各项管理制度，让所有的制度都适合课改的开展，同时还不断完善课改必须的保障机制，让课改工作朝着良好的轨迹发展。公明中学做了以下几项工作：

（1）设立年级部主任，加大对年级工作的管理力度。三年里，公明中学在初一至初三每个年级均设立年级部主任，由原处室主任兼任，年级部主任对整个年级的教育教学工作负责，赋予部主任一定的人权财权，充分调动他们工作的积极性与主动性。

（2）制定"从起点看进步"教学评价制度，公平合理地评价教师的教学业绩。公明中学根据每个教师接受不同学生的实际情况，参照兄弟学校的评价方案，制订公明中学的教学评价方案，这个方案的实施极大地调动了教师工作的积极性。

（3）还进一步完善了青年教师导师制，对来校三年以下的教师进行

"一帮一"指导，让青年教师尽快成长并获得能力提升。

（4）坚持每学年开好"校运会"、举办"科技艺术节"等活动，让学生积极参与，在活动中学习，在活动中成长。

（5）每年在经费上给予一定的支持，以确保新课改工作的顺利进行。

三年里，在上级教育主管部门的正确领导和全校师生的共同努力下，公明中学新课改工作得到扎实开展，在新课改中涌现了一大批课改优秀教师和区校骨干，教育教学成绩显著。

二、不足与改进措施

当然，在这次课改的实施过程中，公明中学也遇到了诸多迷茫与困惑，表现如下。

（1）不能完全真正落实以人为本。课堂活跃了，学生提问多了，教学进度完不成，预先设计好的重点难点落实不了，一些教师就想方设法把学生的思路往自己设计好的路子上引，顺着教师讲课思路的问题教师就欢迎，如果是奇思异想的问题，教师往往视而不见或草草打发。

（2）教师是课程改革实施的主体，也应该是课程开发的主体。但教师直接参与课程开发面临许多现实的困难。教师工作负担重，并且习惯了依靠现成的教学材料来教学，没有去思考与反思，也没有把课程开发看作分内的事情，所以课程改革的目的与教师课程改革的实践总有偏差。

（3）随着教师教学观念的变化，教师的教学态度平和亲切，教学方式方法也多样化起来，课堂教学中学生的兴趣不断提升。但有时就会难以控制情绪，造成课堂混乱。

（4）受应试教育的影响，有些教师的教学方式和学习方式仍无法摆脱传统观念的束缚。在课堂教学中，教师或多或少有些放不开，总觉得有些知识点不讲不行，怕学生不理解。少数教师的教育观念和教学模式依然还停留在应试教育的层面上。题海战术、死记硬背等现象依然在加重学生的课业负担，从而使部分学生不堪重负，产生厌学情绪。

以上问题的存在说明课改工作任重道远，要研究的课题还很多，要走的路还很长。公明中学应充分发挥全校教师的积极性和创造性，鼓励他们在课程改革中打破常规，努力构建符合新课程理念的教学特色，努力开辟一条符合素质教育要求的成功之路。具体来说，可从以下几方面努力。

（1）继续加大校本培训的力度，充分发挥学校骨干教师的帮扶作用。

（2）加强教研组之间、学校之间的专题研讨活动，继续坚持随堂听课、评课制度，抓好点和面的课改工作。

（3）做好校本课程的课堂教学，并进行校本课程的评价。

（4）实行课题研究与课堂教学相结合，加强重点课题研究，确保取得成效。

（5）继续做好第一届课改年级的总结工作，让学校课改工作形成经验传递到第二届、第三届……

时势造英雄，新课程改革给学校带来了新的发展时机，公明中学决心以课程改革为契机，在开辟成功课改之路的同时，深化学校内部改革，造就一支过硬的教师队伍，建立一套高效的管理体制，形成自己的教育教学特色，让素质教育之花常开不败。

第三节　精心筹备，平稳开局，亮点纷呈
——2018—2019 学年度马山头学校工作总结

2017 年 7 月，深圳市光明新区文体教育局批准成立"马山头学校筹建工作领导小组"，由我担任组长，另有筹备组成员 4 人，历时短短一年建设，于 2018 年 9 月顺利开学。这是我人生中创办的第一所学校，也是我第一次担任九年一贯制学校的校长。学校开办之初就开设了一年级到八年级共八个年级 24 个教学班，成为光明区第一所开办就设置了八个年级的学校。担任一所初创学校的校长，压力非常大。学校新建校舍，没有装配教室、功能室、办公室，加上施工方迟滞超期，临近开学，还有许多工地尚未完工，学校门口道路不通，进出学校都需要逆行，大量交通堵塞，造成许多安全隐患。但是，我们没有被困难所压倒，而是想尽办法，通过各种

途径，先把校门口的道路打通，然后规范学校管理，狠抓青年教师培训及课堂教学，短短一年，学校面貌发生了巨大变化。

唐代诗人王昌龄曾用"一片冰心在玉壶"表明自己为官时的正直廉洁，一心为公。这也是我们党政班子的集体追求。自 2017 年 7 月 5 日筹备组成立以来，近两年的时间，党政班子主要成员按照局领导的"高起点、高规格、高标准"建设新学校的要求，放弃了所有假期，认真学习习近平新时代中国特色社会主义思想和党的十九大精神，紧紧围绕建设"世界一流科学城和深圳北部中心"宏伟目标，结合深圳市、光明区"十三五"教育发展规划以及光明区教育提升三年行动计划，拜访兄弟学校学习取经，招聘教师组建团队，跟踪基建推进学校硬件建设，研究规划构筑未来道路，制定制度规范学校运转，培训教师提升教学质量，推进招生服务社区群众，组织活动促进学生成长，强化科研引领学校发展，打造特色提升办学品位。

时至今日，学校硬件建设基本完工，教育教学工作正常开展，办学特色初步呈现，社会评价日益提升。我们可以理直气壮地说，没有辜负党和政府、学校招生片区群众、全体教职员工和学生家长的信任和支持，马山头学校正沿着正确的道路快速发展，势头喜人，前景乐观。

以下将从筹备期工作、学年常规工作、学年工作亮点、目前的不足与改进方向等四个方面进行总结。

一、积极走访，科学规划，全面筹备

2017 年 7 月 5 日，新学校筹备组正式成立，由组长薛森强、副组长朱建山、组员吴敏、明媛、李文锦共 5 人组成。千里之行，始于足下，我们的筹备工作一直遵循"外出走访—开会总结—形成方案—进行反思—完善方案"的原则，走访是我们所有工作的起点，也是贯穿筹备期的主线。上级部门、兄弟学校、周边社区、基建工地、专家学者……在不停的走访中，我们开拓视野、更新信息、完善资料、形成思路。筹备期共召开行政会议 18 次，形成行政会议纪要 18 期。

筹备组先后拜访区内外学校12所,学习借鉴硬件建设、发展规划、课程设置、学校特色、校园文化建设等方面的经验。拜访学校招生片区的街道和社区,了解学校周边社会环境。在此基础上,我们制定了马山头学校办学思想和三年发展规划,设计了校风、校徽、校歌,确立了数理办学特色。

根据新学校的特点,确定了青年教师搭配骨干教师的人员结构。通过广州、武汉两次应届生招聘,社会招考,区内考察,市外选聘等,共招聘应届毕业生29人,社会招考25人,区内调动9人,选聘3人,学校自行招聘购买服务人员16人,共计82人。同时,学校对全体教师进行岗前培训,强化师德素养、团队精神、教育教学技能以及安全防范意识。

从学校基础建设开始,筹备组积极跟进各项工作,确保基础设施达到光明区标准。我们经常视察工地,督促施工方安全生产;积极与区内各部门沟通,加快审批进度,为基础设施建设保驾护航,最终实现基础建设提前完工,为装修工作以及安装教学器材留足了时间。2018年8月27日,学校完成了所有教学器材的采购、安装、调试工作,保证了教育教学工作的顺利开展。

学校积极宣传,精心筹划,热情服务,克服社会影响力不足、招生时间紧迫、招生年级多、人手不足等不足,成功完成8个年级24个班,1103名新生的招收工作,并于2018年9月3日顺利开学。

二、狠抓常规,制度引领,强化落实

(一)完善管理机构,推进民主决策,落实岗位职责

开学一年后,我们不断完善各组织机构,先后成立了行政班子、党支部、工会、团支部、少先大队等,制定了《马山头学校规章制度大全》《马山头学校章程》《马山头学校2018—2020年发展规划》;健全了行政会议、党支部会议、校长办公会议规则和决策程序;完善了党支部领导下的校长负责制;深入推进学校信息公开工作,促进学校民主决策机制建设;完善人事工作职责和岗位设置,稳步实施绩效工资改革;全面实行劳动合

同聘任制，加强劳动用工管理。

（二）德育管理塑造人，文化建设熏陶人，主题活动锻炼人

学校德育工作紧密围绕立德树人的根本任务，全力培育和践行社会主义核心价值观，常规管理重落实，文化建设重格局，主题活动重创新，有效提高学校德育团队建设，加强家校合作，促进学生成长。

学校制定了系列德育制度。狠抓习惯养成和文明礼仪，定期召开德育例会、主题研讨会，传达德育要求，交流德育经验，提升德育能力。通过班主任寄语、班级目标、班训等内容展示班主任风采和班级形象，增强班级凝聚力。

学校举办经典诵读活动，分年级重点诵读传统经典，提升学生的文化素养和道德品质。先后举办爱国主义教育、传统文化教育、安全法制教育、文明礼仪教育、劳动技术、社会实践、心理健康月、六一嘉年华等主题活动，为学生构筑多样化发展平台，促进每一位学生成长成才。

（三）落实教学常规，推动教师成长，突出办学特色

我们注重在教学常规管理中强化教学过程管理。"备课、上课、作业布置及批改、辅导、命题与考试"，每个环节都狠抓落实；集体备课、主题教研、推门听课、互相评课、作业批改检查、命题比赛、考试质量分析都能做到有检查、有记录、有考核。

为充分发挥骨干教师的带头引领作用，加快青年教师的成长，学校启动"名师孵化工程"，开展"师徒结对"活动，同读一本书，同上一节课。多次邀请市、区中小学教研员进校指导，邀请吴松年等多位教授来校讲学，邀请深圳中学名师、宝安中学初中部各科组行政到校指导交流，赴高峰学校学习经验。积极为科组教师提供参加省市区教研活动的机会。部分青年教师在一年内脱颖而出，展现出较高的教学水平和课堂驾驭能力，教学成绩名列前茅，在多项竞赛中屡获佳绩。

学校举办数理文化节，开发《数理学报》、开展"数理小院士"评选等系列活动，开设"反转科学""奇思妙想""steam""国际象棋"等数理

特色课程，为数理特色教育奠定基础。

（四）推动教学创新，扶持科研立项，鼓励外出参赛

在全校大力开展"同课异构"活动，凝聚教师团队集体智慧，提升教师教学能力。全区教研员分批到学校听课指导工作，部分名师工作室到校跟岗教研，有效推动教师基本技能和创新思维的提升。

学校大力扶持教师的科研立项，以名师工作室辐射全局，以老带新。随着参与科研的教师人数迅速增加，学校形成了全体教师积极参与科研的浓厚氛围。同时，学校鼓励教师外出参赛，展示才华，突破自我。开办一年来，全校师生积极参加省市区级的各项比赛，获奖频频。

（五）推进后勤工作，增强服务意识，规范财务流程

总务处积极跟进基建工作，实现主体工程按时完工，积极推进装修和配套硬件设施的采购和安装。开学前做好安装调试工作，初步完成学校绿化工程，为学校办学提供了高标准的硬件设施和优美的校园环境。

后勤员工牢固树立"为教育教学服务，为师生生活服务"的理念，全力为师生改善办公、教学、学习和生活条件等。常规维修随叫随到，教学用品充分保障。教工食堂充分考虑教师的就餐需求，更好地为广大教工办实事，有效提升了师生的归属感和幸福感。严格遵守上级财务规章制度和要求，规范财务流程，花好国家的每一分钱。

（六）建章立制树规范，狠抓落实保安全，加强演练防未然

安全办坚持"以人为本、安全第一、预防为主、综合整治"原则，通过建章立制，狠抓落实，加强演练等手段，提升安全工作水平。在校外振兴路段交通混乱，校内基建未完工，多次遭遇暴雨袭击等不利条件下，安全办攻坚克难，恪守职责，确保无安全事故发生。

学校建立层层分级，逐级负责的安全责任制，签订安全责任书。积极贯彻安全宣传，每天例行安全检查，多次举办消防、防暴力袭击、紧急疏散演练等活动，为建立和谐平安的校园提供有力的安全保障。

三、创新引领，特色先行，亮点纷呈

"金杯银杯不如老百姓的口碑"。学校办学一年后，社会影响力显著增加，美誉度不断提升。2019 年初一招生，学校六年级符合条件的学生全部报考了本校初中，这体现了学生和家长对我们教育教学质量的充分认可。

（一）数理办学特色成功落地

2019 年 4 月，马山头学校成功举办为期两周的第一届数理文化节，推动学科育人与数理特色紧密融合，在全体学生和兄弟学校间引起热烈反响，被各级各类媒体广泛报道，数理特色课程初具雏形。学校开始着手研发校本读本，创办《数理学报》，"数理小院士"评选活动也在如火如荼推进中……这些活动有效提升了学生对数理的认知层次。同时，申请立项数理实验室建设，积极参与承办"光明区初中数学公开课同课异构活动"，协办"光明区初中数学基本功比赛活动"。

（二）科研工作表现出色，立项一批影响较大的课题

2018—2019 学年度，学校省级以上课题立项 3 项，市级课题立项 1 项，区级课题立项 8 项。师生参赛也取得了可喜成绩，获得省级一等奖 1 人，市级一等奖 3 人。学校先后被广西师范大学、广东省第二师范学院授予"教育科研实习基地"，被人民教育出版社授予"文学名著阅读基地"等荣誉称号。

（三）艺体教育积极创新，打造出多个品牌项目

体育备课组的大课间锻炼项目将趣味性与科学性充分结合，在教学开放日进行展示，在家长和兄弟学校中产生了轰动效应，现已拍摄制作成宣传片供兄弟学校学习借鉴；美术备课组积极探索实用性和艺术趣味相结合的教学思路，多次举办"美术嘉年华"学生画展，为学生提供展示自我的平台，受到家长们的高度赞扬。

（四）宣传工作积极作为，学校影响不断提升

学校积极发掘各部门和教师教学工作中的亮点，进行总结提炼，发挥引领示范作用，有效提升学校知名度和家长信任度。学校公众号已经成为传达学校政策，引领教师发展，展示办学成果的重要平台。

四、存在问题及改进方向

（一）管理团队、师生磨合还需要一定时日

教师和学生都是天南海北初聚于此，彼此之间缺乏交流，对教学工作难免会产生影响。因此应当加快学校文化建设，在学校营造团结协作、积极拼搏的健康风气；充分发挥党支部、工会、团支部的职能，为教师争取福利和外出拓展的机会；进一步提升行政部门的服务意识，增强师生的归属感。

（二）生源质量不够理想，新教师比例过高，对教学成绩产生一定影响

加强保优和招生宣传力度，逐步改善生源质量；加大中青年骨干教师的引进力度，充实教学一线；加快优秀青年教师的培养力度，让工作成绩突出，工作态度出色的青年教师脱颖而出。

（三）学校配套设施建设尚未完善，硬件设施制约学校的进一步发展

马山头学校应当积极跟进相关建设项目进程，力促早日开工、早日建成。报告厅、监控项目、食堂改造、化学室、语音电脑室、党建活动室、心理咨询室等已经开始动工，计划下学期可以投入使用；操场即将完工；数学实验室、图书馆、录课教室正在申报，争取早日落地。学校要高度重视，全力以赴抓好各项目的推进工作。

第四节　创新引领，特色发展，重点突破
——2019—2020 学年马山头学校办学总结

开办第一年，马山头学校就取得了不俗的成绩，让外界眼前一亮。接下来，我们紧紧围绕打造"数理文化特色"这个目标，实现对家长们的庄严承诺：办一所文理兼容、数理见长，有创新创造能力的学校。为了营造校园浓郁的数理文化氛围，我们建设数理大厅和数理文化阶梯，创办《数理学报》，举行数理文化节，开设数理校本课程，评选"数理小院士"等。各种文化活动，丰富了校园数理文化氛围，培养了学生的创新创造能力。

2019—2020 学年是马山头学校承前启后的一年，在 2018—2019 年学校成功办学的基础上，全校上下以党建为引领，以创新为动力，以特色发展为方向，以重点项目为突破口，学校的硬件设施、教学科研成果、知名度、美誉度都有了巨大提升，为今后的发展打下了良好基础。

一、党建引领，深入开展民主治校

建校以来，马山头学校一直高度重视党建工作，党员教师勇于担当、无私奉献的先锋模范作用日益彰显。新冠疫情严重的时刻，党员舒才友、丘燕飞以校为家，放弃所有假期，为学校防疫工作作出了突出贡献；党员何亦旋利用业余时间制作爱国快闪，为学校拍摄了大量精美宣传照，有效提升了学校形象……众多党员教师都在本职工作中起到了带头作用。

此外，学校规章制度的制定和修改全部经由教职工大会或教代会表决通过。学校积极召开青年教师座谈会，倾听年轻教师的意见，帮助青年教师成长成才。中层干部的选拔任用采用自愿报名，自我展示，全体教职工投票表决的民主方式进行。对通过民主评聘的中层，尝试采用先考察一年再上岗，先上岗再考察一年等不同方式，形成"能上能下，能者上、庸者下、劣者汰"的用人机制。

二、以点带面，教学质量大幅提升

为迅速提升整体教学质量，学校在抓好常规教学管理的同时，重点突破教师培训、分层教学和招生工作三个环节。

2019—2020 学年开学前，学校邀请多位国内名师对新入职教师进行为期一周的全方位培训；学校"名师大讲堂"定期邀请名师为全体教师开展业务培训；学校邀请多位市内名校骨干教师来校上示范课。以名师团队的指导有效推动和引领教师快速成长。

学校率先在光明区开展分层走班教学实验，取得了显著成效。初中各年级统考成绩稳步提升，初三年级多次获得全区统考公办学校均分第一；初一年级有两名同学进入全区统考前十名（全区共 6 000 余人参考），小学各年级在与兄弟学校的联考中均表现优异。

生源质量是学校的核心竞争力。学校一方面精心制订宣传策略，设计宣传材料，通过多种媒介对目标学校和社区进行宣讲宣传；另一方面精准分析本校保优目标和外校招优目标，进行点对点动员，提供热情周到的服务。2020 年秋季招生，第一志愿报名人数远超录取名额，报名录取比例全区领先。

三、特色鲜明，数理文化开花结果

数理文化特色教育经过两年的发展已经成为学校的一张名片。学校邀请广西师范大学数学系教授来校进行学术交流，探讨学术合作；广东第二师范学院数学系师范生集体参与了薛森强校长的数理特色空中课堂；朱建山副校长的"非常"物理教学实践获得广东省教学成果奖特等奖，已成为数理文化特色教育的招牌。学校打造了一系列数理文化项目帮助学生探究数学和理科知识在生活中的应用，培养学生问题解决和创造性的能力。学校每年开展数理文化节，定期出版《数理学报》；已立项建设数学实验室、数理文化长廊；开办多项数理特色课程，开辟 2 000 平方米劳动技能实践基地。

目前数理文化教育已取得令人瞩目的成绩。学校参加 2019 年度市、区创客节获得一等奖十余项，并获得优秀组织奖。学生莫启凯发明的"一种伸缩桌子"获得国家专利。还有学生参加了深圳市火箭队、无人机表演，并接受了央视的采访。

四、立德树人，德育工作扎实有效

2019—2020 学年是德育团队艰苦奋斗的一年，也是卓有成效的一年。德育工作在做好常规工作的同时，主要完成了两项重点任务：新冠肺炎防疫和学生复学工作、心理健康防护工作。

新冠肺炎暴发后，德育团队，尤其是班主任每天 24 小时待命，不停与家长、学生保持沟通，每日统计数据，传达通知。德育团队所有成员牢记人民教师的使命，牺牲休息时间，圆满完成各项任务。

复学后，在班主任的积极配合下，学校针对全体学生开展了心理健康筛查工作，对问题学生进行有针对性的心理疏导。心理科组创新心理辅导方式，积极介入疫情期间的心理健康防护工作，取得明显成效。目前学校心理状况异常的学生都已得到有效帮扶。

五、获奖频频，体艺工作成果显著

为促进学生的全面发展，提升办学品位，学校成立了丰富多彩的体艺社团。其中重点扶持部分有竞争力的社团外出参赛，均斩获多项荣誉。健美操社团获得广东省健美操联赛啦啦操团体一等奖；艺术体操社团获得广东省艺术体操锦标赛小学推广组集体单项一等奖；曲棍球社团获得市体彩杯体育道德风尚奖和团体总分第四名，学校被国家体育总局授予"全国冰上运动项目特色学校"。

2019—2020 学年，学校举办了为期一个月的体育节、艺术节等大型系列活动，让学生充分展示才华，营造高品位的校园文化。

六、防患未然，安全工作有条不紊

安全工作本着"预防为主，全员参与"的理念，通过建章立制、宣传、培训、演习、排查等系列措施，形成"人人重视安全、人人懂安全，人人参与安全"的良好局面。

通过《致家长的一封信》、公众号、校门外 LED 显示屏、宣传栏等形式对师生、家长进行安全教育；通过现场实操、集中培训等方式对师生进行安全技能培训；通过开展消防演习及防震疏散演练等提升师生的逃生技能；通过安全规章制度，将责任分解到个人；通过每日安全排查，消除安全隐患；以新冠肺炎防护、电动车佩戴头盔、消防安全、防抗台风等重点问题为抓手，提升全校协作能力。

七、攻坚克难，硬件设施大幅提升

学校开办第一年，校园硬件设施建设面临重重困难，交通主干道振兴路因为历史遗留问题迟迟无法通车，校内部分场馆建设因为审批进度问题无法动工。学校领导班子迎难而上，把硬件建设作为学校发展的重要抓手，推动办学水平的提升。

在学校的积极呼吁和区教育局的协调下，张宗平副区长主持召开马山头学校周边交通问题现场协调会，决定在振兴路学校附近开设临时红绿灯，加大交通管理警力，加固龟山公园靠近学校一侧边坡，2019 年 10 月已经全部完工。

为了不影响正常教学，领导班子和后勤部门放弃所有休假，工作日争分夺秒加快各种功能场室的审批、规划和论证进度，假期督导施工，高标准完成各种功能场室的建设。开学复课后，为了给学生营造一个健康舒适的环境，校园内加装凉棚，教室内加装风扇，升级照明系统。时至今日，硬件设施已成为学校招生的重要招牌——交通便捷、环境幽雅、设施先进齐全。

八、创新宣传，学校形象大幅提升

2019—2020 学年，学校的宣传工作不断创新，亮点纷呈。国家、省、市、区等不同级别的宣传平台，以及纸媒、自媒体、LED 显示屏、宣传栏、墙报等不同宣传方式有机结合起来，呈现出"品位高、密度大、时效快、方式多、立体化"的大好局面。

学校在《人民日报》《中国教育报》等国家级权威媒体整版报道 2 次，在《南方都市报》等省市级媒体专题报道 10 多次，在《光明新闻》等区级媒体宣传报道数十次；校内公众号推送 110 多次，LED 显示屏每天更新，校外宣传栏、校内移动展板定期更新，制作校内围墙展板 38 块、校内海报 100 多块，所有教室外墙开设班级文化长廊。

时至今日，学校影响力和美誉度不断提升，受到上级领导和社会各界的广泛赞扬，宣传工作已经走在全区乃至全市的最前列。

九、众志成城，打好新冠肺炎阻击战

在新冠肺炎防控工作中，全校上下众志成城、严防死守，确保了老师、学生和家长零感染、零违规、零事故，有力保障了教育教学工作的顺利开展。

空中课堂授课期间，学校开展线上优质课大赛，为学生提供高品质的线上教学。区级以上媒体报道空中课堂先进典型十余次，在全区引起轰动，有效提升了学校影响力。

复学阶段，学校备足防疫物资，科学规划防疫场所和流程，对教师开展针对性培训，对学生加强心理疏导，确保复学后各项工作顺利开展，受到区政协、区教育局领导的高度赞扬。

十、存在问题及改进方向

（一）硬件建设需要继续完善

图书馆、数学、物理、化学实验室扩建工程均已申报立项；教师健身房年底即将完工；体育馆计划安装空调。

（二）对年轻教师的业务指导有待加强

学校积极邀请校外名师来校指导；支持年轻教师外出学习交流；原则上不再进行跨年级、一对多的师徒结对，以保证教育教学质量和教师科研能力的提升。

（三）校园文化和教师文化需要深入推进

下学期开学前，校园文化建设即将完工，学校文化标识将更美丽、醒目。此外，在学校继续深入推广团结奉献、实干创业的奋斗精神。

第五节 党建引领，质量强校，全面提升
——2020—2021 学年马山头学校办学总结

2021 年是中国共产党成立 100 周年，也是学校开办的第三年，学校也迎来真正意义上的第一届初中毕业生。尽管上一年马山头学校有第一届初三学生，但那是初二年级进来的插班生，只有 2 个班，共 53 人，中考确实也取得了在公办学校中平均分名列第三的好成绩。但是本学年的初三年级，是学校从初一录取的第一届学生，他们中考的成败，将直接影响到学校的声誉。所以，我们在加强党建引领的基础上，强化质量强校，全力以赴抓好初三教学。在全校教职员工的共同努力下，学校真正意义上的第一届初三学子取得了优异成绩，中考各项指标均超过深圳市平均值，体育满分率超过 90%，学校荣获"光明区初中教育教学优秀奖"。那么这一年我

们究竟是怎么做的？又取得了哪些成绩呢？

2021 年，我们充分把握建党 100 周年的历史契机，大力加强党建工作，全面提升全体教职工的政治站位和师德师风水平。坚持质量强校，加强过程管理和制度创新。学校各项工作都取得了喜人成绩：校本培训认真扎实，师德师风不断提升，教学质量稳步提高，成为光明区招生最"火爆"的学校，课题立项、师生获奖都有大幅突破，基础设施不断优化，校园文化建设逐步加强完善等。学校接连被授予"广东省科技创新教育实验学校""小平科技创新实验室示范学校""深圳市儿童友好实践基地""全国家校共育创新实验校""全国学校心理危机干预能力建设示范校""深圳市中小学消防示范校""全国校园冰雪运动特色校"等荣誉称号。

一、党建引领铸魂育人，献礼建党 100 周年

作为学校党支部书记，我从"班子领航、党员带动、童心向党"三个层面，深入贯彻市、区基础教育改革大会精神，使党建工作成为立德树人、办好人民满意教育的"红色引擎"。

(一) 加强学习党史，凝魂聚气强信念

学校邀请光明区教育工委副书记严亮同志等专家领导开展党史学习教育专题授课 4 次，本校教师讲党课 3 次。我带头主讲了多堂思政课，党员们纷纷结合本学段、本学科教材内容开展思政教学，学校支部共收到 20 节精品思政示范课课例。学校组织党员教师到东宝中学旧址、百花洞旧址开展"学习英模精神、传承红色基因"学习教育活动，并充分利用 QQ 群、微信群、学校公众号、LED 屏幕、展板等阵地，创新宣传形式、拓宽宣传阵地、丰富宣传内容。

(二) 开展主题活动，献礼百年展风采

支部紧紧围绕"建党百年，赶超奔跑"这一主题，开展形式多样的教育活动。如"建党百年，赶超奔跑"朗诵比赛、百年党史知识竞赛、"向

党致敬、为党祝福"活动、"我想对党说句话"活动、"我为群众办实事"活动。

（三）加强师德师风建设，提升办学水平

学校组织全体教师认真学习教育部关于师德师风教育的文件精神，深入开展师德师风建设，严禁有偿家教，规范收费行为，杜绝体罚、变相体罚，减轻学生作业负担，鼓励老师义务开展各种形式的课后辅导。在学生中选拔校长小助理，设立班级、年级、校级家委会，加强家校沟通，提升管理水平。

（四）提高政治站位，认真做好支教帮扶工作

2020—2021学年有两位教师到省内外师资力量相对薄弱学校支教，他们表现突出，受到当地教育部门和学校的充分肯定和赞扬。同时我们响应省教育厅的号召，积极帮扶汕尾市陆丰碣北中学，多次分批派教师到该校开展示范课教学及交流，促进该校管理优化，教学质量进步。

二、深入开展养成教育，德育工作扎实有效

2020—2021学年，马山头学校德育工作的重点是养成教育，通过狠抓学生的课间纪律、排队纪律、会场纪律、文明礼仪等，使学生的行为习惯有了很大提升。同时高度重视心理健康教育，通过常规课程、单独辅导、征文、家校互动等方式打造立体的心理健康防护网。学校被评为"全国家校共育创新实验校""全国学校心理危机干预能力建设示范校"。

为迎接建党100周年，学校开展了丰富多彩的德育活动。通过红色主题班会、阅读红色书籍征文、红色班级文化建设、学习红色歌曲等活动，进一步提高学生的政治觉悟和爱国意识。

三、创新教学管理方式，教学质量稳步提升

小学低年级切实减轻作业负担，深度开展社团教育，提升学生综合素养。小学高年级深入开展劳动教育，培养学生劳动实践能力和吃苦耐劳的品质。2020—2021学年学校被授予"广东省科技创新教育实验学校""小平科技创新实验室示范学校"以及"深圳市儿童友好实践基地"。

初中部进一步完善"驻级领导—驻级行政—年级教师"的教学管理制度，提升管理效能。同时，制定《马山头学校教学质量评价制度》，采用"从起点看进步"的评价形式，客观、公正、科学地评价教师的教学质量。以中考、全区统考为导向，深入钻研课程教学标准和命题规律，科学安排课后延迟服务。各年级统考成绩稳步提升，本届初三多次全区统考成绩名列前茅。

四、课题获奖大幅突破，科研工作强势领跑

学校打造省、市、区、校四级名师工作室体系，充分发挥名师引领作用，带动全体教师的专业发展。学校高度重视校本课程建设，已开发劳动教育、安全教育、卫生教育等一系列校本课程。

2020—2021学年，学校新增获批国家级课题1项、省级课题1项、省级教科研专家工作室1个，加上原有的市级工作室2个，区级名师工作室（含微工作室）6个，9个工作室均处于全区领先位置。此外，学校还鼓励青年教师积极外出参加各类赛事，并提供全方位的支持和指导，2020—2021学年获得区级一等奖及以上奖项20多项。

五、社团参赛硕果累累，体艺工作卓有成效

学校成立兴趣社团40多个，覆盖音体美、信息技术、劳动实践、科技创新等众多领域，为学生的全面发展提供了强有力的保障。2020—2021学

年，学生社团外出参赛取得了优异成绩，其中，信息技术社团获得国家级二等奖1项，健美操、艺术体操社团参加省级锦标赛均获得一等奖，曲棍球社团参加市级比赛获得冠军，其他社团获得区级一等奖及以上奖项十余项。

另外，学校还精心打造了"阳光体育一小时"活动，全面推进学生身体素质。马山头学校学生在区运会上多人次打破赛会纪录，参加区级各项比赛屡获佳绩。2021年中考体育满分率高达80%，领先全区。

六、积极应对新常态，筑牢师生安全防线

学校全力应对新冠疫情防控工作的同时，积极做好道路交通安全、校园安全、信息安全、师生防诈骗等工作，共筑校园安全防火墙。学校根据安全形势变化及时更新各项安全规章制度，让安全工作有章可循；加强实战演习，提升应对危机能力；加大宣传力度，提升师生安全意识。学校也被评为"深圳市中小学消防示范校"。

七、优化管理，加强服务，提升教师归属感

严格执行考勤条例，规范请假流程，严抓作风建设，考勤和请假等各项工作秩序井然有序，有效改善会风；优化职称评聘工作，做到职称评聘比其他学校早一步、教师晋升工资早一步落实。

加大对教学、科研业绩突出教师的奖励力度，多次召开教职工表彰大会，以提升教师的职业成就感和荣誉感；优化教师办公环境，提升教师幸福感；用心改善教职工食堂，提升服务质量，为教师提供饮食保障；积极创造条件帮助教师外出学习、拓展身心；每月为当月过生日的教师举办集体庆祝仪式，提升教师归属感。

八、打造特色，塑造品牌，提升学校辨识度

学校继续打造数理文化办学特色，举办第三届数理文化节、评选"数理小院士"、出版《数理学报》，数理特色科研项目开展卓有成效。2020—2021学年学校获批国家级课题2项、省级课题3项，出版专著1部，进一步提升了数理特色的辨识度和美誉度。

针对学校发展现状，重点打造一批有竞争优势的项目。劳动教育依托劳动实践基地，开发校本课程，主持市级教科研课题，上级领导多次来学校调研，众多兄弟学校来访交流学习，学校被评为"深圳市儿童友好实践基地"。此外，学校还建有标准曲棍球场，曲棍球社团曾获得市赛冠军，并为市队输送了10多名球员，同时学校被评为"深圳市曲棍球后备人才培养基地"和"全国校园冰雪运动特色校"。

九、存在问题与解决对策

（1）少数教师曾出现体罚、变相体罚学生的行为。对此，全校深入开展师德师风教育，对全体教师进行拉网式排查，发挥党员作用，加强教师日常师德师风的监督，坚决杜绝师德失范行为，严惩相关违规教师。

（2）部分行政业务素养有待提高。对此，学校多次召开行政专题会议，校领导带领全体行政人员开展管理能力专项学习；各部门重要工作由校领导牵头，提前调研，精心设计方案，规范过程管理。

第六节　以评促建，特色发展，品牌初显
——2021—2022学年马山头学校/理创实验学校工作总结

办学第四年，马山头学校迎来"深圳市义务教育阶段学校办学水平评估"，这是对三年办学水平的全面评价，是学校建设与发展的重要机遇。

为了迎接这次评估，全校师生员工认真学习办学水平评估标准，对照标准自查自纠，精心准备评估资料，认真打磨课堂教学，力争课堂教学优良率达标。同时，这一年，学校也迎来了真正意义上的第二届初三毕业生。

2021—2022 学年，马山头学校顺利通过深圳市义务教育阶段学校办学水平评估。2021 年 11 月 2—5 日，由深圳市人民政府教育督导室的 10 位专家组成的评估督导组对学校进行为期 4 日的办学水平督导评估，专家组对学校教育教学工作给予高度评价。全校上下以评估为契机，全面梳理办学以来的成绩与不足，规范办学行为，以评估意见为导向进行整改，有力提升了学校的综合实力。

2021—2022 学年，学校加大数理文化特色教育建设力度，在硬件设施、社团建设、特色活动、外出比赛等方面都有大幅提升。上级领导和社会各界对我校办学特色都给予高度认可。也正是在这一年，经过区教育局批准，区编办批复，学校正式更名为"深圳市光明区理创实验学校"。

经过四年的发展，学校在外界的美誉度越来越高。2021 年秋招，学校被《南方日报》誉为光明区招生"最火爆"的学校。2022 年秋招，多所公办学校出现断档，而马山头学校的小一、初一各招 300 人，最终报名 678 人和 614 人，报录比都在全区领先，这些都充分体现了家长对我们教育工作的高度认可。

一、党建引领，为党育人，为国育才

（1）线上线下相结合，多次集体学习党的十九届六中全会精神以及百年党史，提高政治站位。

（2）聚焦思政课堂，深入渗透爱国爱党信念。支部书记带头主讲第一堂思政课，党员们纷纷开展思政教学。

（3）开展"建党百年，赶超奔跑"朗诵比赛，百年党史知识竞赛，"向党致敬、为党祝福""我想对党说句话""我为群众办实事"等形式多样的主题活动。

（4）多措并举掀起"学习强国"的学习热潮，组织教师观看百年党史系列电影，收到教师学习体会 200 多篇。

二、立德树人，德育工作有效推进

（1）开展"百师访千家"活动，对全体学生进行家访，设立家长办公室、家长学校办公室，由此获得"家长学校"称号。此外还邀请第三方公司开展线上家长培训，提升家校合作水平。

（2）健全团支部、少先队工作机制，加强养成教育，每周举行文明班级评比，建立红领巾纠察队，提升学生的文明礼仪素养。

（3）加强学校禁毒普法、防校园欺凌教育和社会实践教育。及时高效处理学校学生和家长的校内外纠纷。初一年级赴育新学校进行为期一周的军训。

（4）学校四至六年级分单双周利用早晚时间到五楼劳动实践基地、动物养殖社团进行劳动；同时下发学生家务清单，让各年级学生对照清单在家做好家务劳动。

三、科学落实"双减"政策，全面提高教育教学质量

（一）创新作业类型，提高作业质量

学校在深入领会"双减"精神后，各学科教研组根据学段、学科特点及学生实际需要和完成能力，合理布置趣味探索、阅读实践、录音朗读、思维训练等不同类型的作业。加强优质作业资源共建共享，真正减轻学生的负担，让学生轻松快乐地成长。

（二）丰富延时内容，提高服务质量

"双减"政策出台以来，学校将课后服务分为两个阶段。第一阶段是作业的辅导，任课教师辅导作业和答疑，学生在学校里就能基本完成作业；第二阶段开展丰富多彩的社团活动，例如国际象棋、书法、武术、太极、鬼步舞、篮球、曲棍球等，真正让孩子快乐边学边玩，健康成长。

（三）结合特色教育，培养创新思维

结合学校数理特色教育，依托校内外资源，开设机器人编程、国际象棋、劳动教育等几十个兴趣社团。做到人人有社团，培养学生的创新发散思维，以活动育人。

（四）保证学生睡眠，加强体育锻炼

在睡眠管理方面，学校统筹安排作息时间，严格执行上课制度。在课堂教学、教师培训、家校协同工作中加强科学睡眠宣传教育，帮助学生认识到充足睡眠的重要性，保障学生睡眠时间。在体育锻炼方面，从学生兴趣出发，从效果上把关，推进阳光体育活动，确保学生每天锻炼一小时。

四、优化科研管理，提升服务水平

科研处以办学水平评估为契机，以服务为导向，全面提升科研管理水平。

（1）摸清家底，建立学校科研档案。目前学校的科研立项、教师获奖、学生获奖、名师体系都已经建立了详细的档案。

（2）增强服务，有效提升继续教育工作水平。2021—2022学年，科研处为全体教师的继续教育学习提供全方位、专业细致的服务，引领教师的继续教育高效发展，更具针对性和实效性。

（3）优化管理，科研立项硕果累累。2021—2022学年，学校建立了省、市、区、校四级名师工作室制度，为全体教师的发展提供了更完善更广阔的平台，同时加大课题立项扶持力度，省、市、区、校级课题立项都取得了新突破。

五、喜讯不断，体艺工作精彩纷呈

（1）切实抓好体育、艺术教学工作，开足开齐体育、艺术教育课程；

（2）外出参赛喜讯不断，市运会、区运会、各单项赛事捷报频传，同时还被评为"全国校园冰雪运动特色校"；

（3）校园活动精彩纷呈，成功举办体育节和艺术节，为全体学生提供才艺展示平台；

（4）校际合作深入推进，与韩山师范学校体育学院合作，学校规模不断扩大；

（5）加大体艺教研力度，获批省级课题1项，区级课题2项立项。

六、压实安全责任，加强实战演练

（1）签订安全协议，压实安全责任。对全体班子、行政，对全体教职员工，重点贯彻培训深圳市教育局落实一岗双责校园岗位安全工作责任清单，进校工作的每个岗位，都做到职责清晰，分工明确。

（2）加强安全培训，提升实操技能。2021—2022学年先后举行了灭火器灭火、防控暴力袭击、学生突发伤害事件、特别灾害天气应急管理等项目的演练和实操培训。

（3）加强安全排查，消除安全隐患。通过岗位安全工作日检查，小组安全工作周检查，部门安全工作月检查，学校安全工作隐患大排查等方式，有效杜绝了各种安全隐患。

七、推进重点项目，优化校园环境

（1）根据区教育局及发改局的工作安排，按时完成了政府投资项目教学用房建设及设备购买（包括两层图书馆、数学实验室、物理实验室、档案室、美术室、音乐室、电脑室、科学实验室等），2021—2022学年验收完成并投入使用。

（2）学校考评系统项目、工会活动室、融合教室、健身房、劳动基地动物养殖区、无土栽培区、架空层绿化及小树林改造、连廊雨棚、校园雕塑彩塑、新增班级设备等校内建设项目已全部完工，努力为教职工和学生营造一个舒适及安全的工作学习环境。

（3）根据上级疫情防控要求和形势变化，全力配合相关部门定时消杀，保持重点区域通风和消毒，防疫物资准备充足，根据相关制度做好物资管理工作，确保疫情期间学校正常运行。

八、加强民主建设，提升关怀力度

（1）根据学校的工作需要，适时召开教职工代表大会。开展教职工民主生活会，想方设法排忧解难，解决教职工关心的问题。推动校务公开工作，加强各项工作监督。

（2）充分利用和管理好教工健身房，引导教工平时注重健身活动，选择适合自己的锻炼方式。开展各种形式的团建工作，提升教职工的归属感。

（3）关心特殊学生群体，对身边生活有困难、学习有困难、单亲家庭、品德有缺陷的学生，开展帮教活动。关心教职工生活，对生病及困难教职工做好慰问工作。

九、做好迎评协调，推动校名更改

（1）2021—2022学年，学校先后迎接办学水平评估和义务教育规范化评估等重要评估检查。办公室在校长室的领导下，积极做好协调工作，整理学校各项档案，做好宣传报道，顺利通过各种评估，获得教育局、评估组领导的一致好评。

（2）学校更名是关系学校发展的大事，办公室积极协调各方力量，耐心细致沟通，成功实现校名更改，新校名"深圳市光明区理创实验学校"在学年末正式投入使用。

第七节 办成就师生的教育

一所学校办学水平的"晴雨表"是招生状况。学校创办以来，刚开办时招生招不满，现在年年爆满，录取积分逐年提高。2021年秋招，被《南方日报》誉为"光明区招生最火爆的学校"，2022年秋招，在多所公办学校出现断档的情况下理创实验学校报录比在全区领先。这体现了家长对学校的高度认可。

一所学校办学水平的温度计是教学质量，尤其是中考成绩。理创实验学校连续两届中考总均分都在全区保持领先位置。这两届毕业生都是2018年入学，基础非常薄弱，第一学期参加全区初一统考，平均分列公办学校倒数第一，经过师生三年的共同努力，拿出了让家长惊喜的成绩单（中考平均分列区前三名，被评为光明区初中教育教学"优秀学校"）。

一所学校办学水平的物质保障是硬件设施。经过四年的建设，学校功能场室已经可以满足54个教学班的高品质教学需求。我们的校园被附近老百姓誉为光明区"最美校园"，光明教育公众号"校园一隅"栏目刊登我校后，多位同行跟我说，没想到理创实验学校的校园这么美！

一所学校办学水平的核心竞争力是师资队伍。短短几年，我们培养了国家级专家1名，省级专家2名，省级名师3人、市级名师2人、区级以上名师39人，40%以上教师拥有研究生学历，众多新任年轻教师毕业于北京大学等著名高校。

2021年11月，深圳市人民政府教育督导室评估组莅临，开展了为期四天的办学水平督导评估，督导组专家对学校三年多的发展给予了高度评价。

（1）学校领导班子拼搏创新，领航发展，与光明教育同声共律；管理团队务实敬业，合作精进，与全校师生同生共长。

（2）办学理念以人为本，体系完备，与时代教育同频共振；学校管理有序规范，科学人文，与生命自觉同声共气。

（3）学校发展科研引领，亮点纷呈，与数理教育同彰共显；开放办学成绩斐然，态势良好，与社区发展同生共荣。

我们可以理直气壮地说，这几年我们没有辜负上级领导的期望和信任，以及全体家长、学生、社区群众的支持和厚爱，理创实验学校的全体教职工正以奋斗者的姿态赶超奔跑！

一、筚路蓝缕，开创九年一贯制公办学校

创校历程艰辛而又曲折，我们主要以以下三方面为抓手，提升学校教育质量。

（一）充分调研，科学规划顶层设计

我们先后考察了区内外12所学校，学习借鉴硬件建设发展规划、课程设置、学校特色、校园文化建设等方面的经验；拜访了学校招生片区的街道和社区，了解学校周边生源和社会环境。在此基础上，我们完善理创实验学校的顶层设计，制定了理创实验学校的办学思想和三年发展规划，确立了"三风一训"，设计了校徽、校旗，编写了校歌及《学校章程》《学校规章制度大全》，确立数理文化办学特色。

（二）攻坚克难，高效推进基础设施建设

在学校的整体建设费用还不到其他学校一栋楼的预算，工程队积极性不高，经常由于拖欠工程款而影响施工进度的情况下，我与工程队、工务署等相关部门多方协调，在区领导的督促下，工程队在开学前按时将学校交付给我们，之后，我们又在短期内加班加点完成装修和设备调试。

学校建成时，周边的交通主干道振兴路因为历史遗留问题尚未开通，造成师生出行道路不畅，交通压力大。学校通过区政协、区教育局等渠道多次向上级反映呼吁，积极协调。张宗平副区长主持召开现场办公会，决定振兴路提前通车，同时加固校门外龟山公园边坡，打开了学校发展的瓶

颈，也为周边群众带来便利。

（三）组建团队，顺利实现开门办学

筹备组在一年时间内完成了骨干教师选聘、应届毕业生招聘等工作，组建了一支名师引领、充满朝气的教师团队。为解决片区公办学位不足的问题，学校在小一、初一两个起点年级招足 300 人的基础上克服困难，招收了二、三、四、五、六、八等 6 个插班年级，2018 年 9 月 3 日，学校正式开始办学。

二、办成就师生的教育

一所理想的学校，不一定是完美的，但一定有着独特而优秀的品质。理创实验学校的独特品质主要体现在"教育就是成就，成就学生，成就教师"的办学理念，通过推动学生的学业发展和教师的职业发展实现学校的发展，形成师生命运共同体，提升领导班子的向心力和全体师生的凝聚力。

（一）坚持党建领导，确保正确办学方向

1. 建设和完善学校党组织

开办第一年马山头学校就成立了学校党支部，组织好"三会一课"，组织学校党员教师不断学习党的十八大、党的十九大精神，学习习近平总书记关于教育的精辟论述，学习中共中央、国务院的重要文件，不断提高党员教师的思想觉悟，同时，抓好师德师风教育，确保青年教师道正源清。

2. 抓好团支部、少先队组织工作

马山头学校在初中部成立学校团支部，同时成立马山头学校少年先锋队工作委员会，选举产生少先大队、中队组织，服从党组织领导，引导带领共青团、少先队组织健全发展。

3. 形成家校共育良好局面

马山头学校充分发挥家长关心孩子教育，希望学校和家庭建立良好互

动局面的实际，成立学校家委会，同时各年级、各班也分别成立年级、班级家委会，不断调动家长的工作积极性，共同做好家庭教育工作。同时，学校成立家长学校，定期给家长介绍"育儿秘方""家庭良方"。帮助家长提高教育观念，并形成和谐、高效的家庭教育工作氛围。

4. 抓好学生的思想品德教育及养成教育

我们制定了一系列"马山头学校学生行为规范""马山头学校传统礼仪"等规章制度，同时认真抓好"思政课"，我不仅自己带头每年上思政课，还要求党员教师义务开展进班级讲思政课活动，思政课老师必须认真备课，确保思政课的质量，践行党员教师的职责。德育处、少先队、团支部深入推进学生的行为规范及习惯养成教育。

5. 加强组织建设，强化引领落实

马山头学校推行中层干部竞聘上岗制度。每学年结束开展中层干部公开述职，推行党务、校务公开，学校大事必须经过教代会、校长办公会、行政会的讨论。认真落实"三会一课"制度、党费收缴制度、党员发展制度和党员学习制度等。

6. 狠抓纪律建设，守住师德底线

马山头学校开展廉政警示教育，抵制"乱订教辅，有偿补课、收受礼金"等违规行为。开展师德师风专题教育，引导教师争做"四有"好老师。

（二）打造数理文化特色，培养未来优秀公民

1. 科学谋划，特色办学引领发展

数理特色教育是面向未来的教育，数理思维是一种周密、严谨的科学思维。义务教育阶段是人才培养的关键时期，强化数学、理科的基础教学，提升学生运用知识解决问题的能力，让他们可以从容应对日新月异的科技发展和社会变化，在未来的社会竞争中占据优势。

2. 多措并举，打造省级科创教育示范学校

学校打造立体化的数理特色教育体系，被授予"小平科技创新实验室示范学校""广东省科技创新教育实验学校"等荣誉称号。目前学校已有

10 多名学生的科技发明获得国家专利。

3. 科研引领，主持多项国家级、省级课题

学校倡导科研引领特色办学，取得多项重大科研成果。其中，获批教育部课题 1 项、中国教育学会课题 1 项、广东省教科研课题 3 项，出版科研专著 1 部。

4. 硕果累累，师生参赛获得多项大奖

教师外出参加比赛获得众多市级以上荣誉，其中朱建山老师获得广东省教学成果奖特等奖；我本人获得广东省教育论文评比一等奖；学生无人机社团先后获得"粤港澳大湾区无人机精英赛""深圳市无人机精英赛"初中组冠军，并接受中央电视台专题采访报道；信息技术社团获得全国二等奖。这些荣誉的获得，有力推动了学校数理特色项目的开展。

（三）全面开发学生素质，社团活动缤纷多彩

马山头学校全面贯彻党的教育方针，以丰富多彩的学生社团引领学生德、智、体、美、劳全面发展。

学校创设一流的硬件设施，开办 48 个学生社团，不断丰富学生的校园生活。每年举办四季节日：春季的数理文化节围绕科创教育，夏季的六一节围绕游戏和动手制作，秋季的体育节围绕身体素质拓展，冬季的艺术节围绕才艺表演，打造系列项目，开发孩子的兴趣特长。

多个社团参加国家、省、市级比赛获得优异成绩，为光明区赢得荣誉。先后有 50 多幅作品在市、区科幻画比赛中获奖；有 8 人次在广东省中小学规范汉字书写大赛获奖，其中特等奖 1 人；曲棍球社团荣获广东省旱地冰球锦标赛冠军、深圳市曲棍球联赛冠军；啦啦操社团获广东省中小学生健美操啦啦操联赛第一名；艺术体操社团获广东省"体彩杯"青少年艺术体操锦标赛一等奖；健美操获广东省"体彩杯"健美操锦标赛一等奖；信息技术社团获得国家级比赛二等奖。

此外，学校还精心打造"阳光体育一小时"项目，让学生养成锻炼习惯，助力学生素养发展，并在区内产生广泛影响。2021 年，学校中考体育满分率达到 80%，2022 年满分率高达 91%。借助北京冬奥会的东风，学

校大力发展冰雪运动，被评为"全国校园冰雪运动特色学校"。

（四）抢抓劳动教育机遇，打造市级儿童友好实践基地

2020 年 3 月中共中央、国务院《关于全面加强新时代大中小学劳动教育的意见》出台后，马山头学校快速响应，打造 2 000 平方米的劳动教育实践基地。教育部全面推广劳动教育政策出台后，学校劳动实践基地已经建设成熟，打造出"课内学习与劳动实践相结合，校内培养和家庭教育相结合，科研引领与课程教学相结合"的劳动教育课程体系。区政协、区教育局领导多次来学校调研指导，深入推进劳动教育课程的高质量发展。2020 年学校被评为"深圳市儿童友好实践基地"。

在农作物种植的基础上，学校继续开发无土栽培基地、养殖基地、气象站等，不断拓展劳动教育空间；与兄弟学校进行广泛交流研讨，取长补短，积极分享作物成熟经验；实现从基地到学校食堂的无缝对接；深入开展劳动教育科研工作，主持市级教科研课题。

（五）全方位提供发展平台，不断成就师生

马山头学校把"教育就是成就，成就学生，成就教师"作为办学宗旨，全力打造成就师生的教育。

学校每年举办四季节日，创设一流硬件，成立多样化的社团，不断丰富学生的校园生活，培养学生特长。对优质社团，学校重点打造，提供参赛机会，让他们到更高的平台去竞逐。全面推进教师的专业发展，加强校本培训，科研引领，结对子帮扶，支持和鼓励青年教师参加各种比赛，促进快速成长。

办学以来，学校采取有效措施发挥学生特长，使其得到充分发展。截至 2022 年，学生参加区级以上各种比赛，获得国家级荣誉 5 项、省级荣誉 30 项、市级荣誉 342 项、区级荣誉 253 项。教师获得国家级荣誉 3 项、省级荣誉 16 项、市级荣誉 37 项、区级荣誉 206 项。

在成就师生发展的基础上，学校也获得了快速提升。几年来学校先后获得"小平科技创新实验室示范学校""全国校园冰雪运动特色学校""全

国学校心理危机干预能力建设示范校""全国家校共育创新实验校""广东省防震减灾科技教育示范校""广东省科技创新教育实验学校""深圳教育创新示范校""深圳市儿童友好实践基地""光明区初中教育教学工作优秀奖"等荣誉。

后　记

　　书稿整理到这里，我发现，内容太多了。一个人工作了 40 年，14 600 天，不可能把自己所有的笔记文稿都编辑出来，不然一本书是写不完的。还是打住吧！

　　回顾这 40 年，我感慨万千，从初中毕业就考上"捧着铁饭碗"的师范生，据说当初是全国第一届初中生报考师范生的，因为国家太需要中小学教师了。我们三个县才招一个班，50 人，考取的难度相当大，真不亚于高中考重点大学。三年师范正规学习，让我们在小小的年纪就懂得了教育是一门有规律的科学，也是一门艺术。我们除学习普通高中的学科知识外，还学习中等专业学科知识。我们既要学习教育理论课程，也要学习心理生理课程。我们不但要学习教学法，也要学习音体美各学科，可谓是真正的素质教育。三年虽短，但给我们打下了将来教育生涯必需的基础。

　　1983 年 7 月，我年满 16 周岁就踏上了教坛之路，在粤北一个偏僻的小山村担任教师，一个未成年人教一群未成年人，甚至成年人（因为有的学生已超过 18 周岁），一路走来，非常艰难和坎坷，且一做就是 40 年。

　　我很庆幸，40 年来，我从粤北山区来到了改革开放前沿的深圳，迎来更大的挑战！

　　我很庆幸，40 年来，我始终坚守教育，未离开过教育一线。

　　我很庆幸，40 年来，我兢兢业业，始终如一地热爱我的教育事业。

　　我很庆幸，因为我的坚守，才让我取得了许多教师梦寐以求的业绩和荣誉。

1991 年被评为"广东省普教系统先进工作者";

2001 年被评为"深圳市优秀教师";

2006 年被评为"宝安区中学数学学科带头人";

2007 年被评为"光明新区课改先进个人";

2010 年被评为"广东省中学特级教师";

2011 年被评为"深圳市首批名师工作室主持人";

2014 年被评为"深圳市高层次人才（地方领军人才）""光明新区杰出人才";

2015 年被评为"深圳市第二批名师工作室主持人";

2016 年被评为"广东省中小学正高级教师";

2017 年被评为"光明区鸿鹄人才";

2018 年被提拔为"马山头学校校长";

2019 年被聘为"光明区第一届政协委员";

2022 年被评为"深圳市第三批名师工作室主持人"……

成绩和荣誉已成为过去，我将继续探寻成就师生的教育之路，因为，我自己就是这样一路走来，一路成长。古人云教学相长，其实讲的就是"教学与学习是相互促进和提高的"，说到底，其实也是共同进步，相互提高。我不赞成把老师说成是蜡烛，燃烧自己，照亮别人，其实就算是蜡烛，也是既照亮别人，也照亮自己啊！

我写此书就是希望老师们不但要教好学生，更要提高自我，特别是在教师的专业发展道路上不断进步，成为骨干教师、名师乃至教育家。只有这样，我们的教育才会"青出于蓝而胜于蓝"！只有这样，我们的教育才能真正高挺于世界教育之巅！